JN041606

1冊で
すべてが
わかる 高校教師のための

仕事術大全

渡辺弥生 監修／原田恵理子 編

明治図書

監修の言葉

　高校生は，「自分とは何か？」という問いと対峙し始める時期にあります。思春期の混沌とした葛藤からは脱しつつあり，大人社会を展望するようになります。どのように生きるのかという課題に模索していく時期ともいえます。

　しかし，実際は大人社会直前の準備時期でありながら，目の前の楽しさだけを追い求める傾向もあります。社会や公共意識も低く漠然とした迷いの中に彷徨しがちです。高校生が自らの生き方について考え，主体的な選択ができるよう，また他者の支えに気がつき感謝できるような社会の一員になれるよう支援するにはどうすればよいでしょう。

　エージェントとして，高校教師の立場や役割は大変意義のあることです。とはいっても，教員自身も，VUCAと呼ばれる不確実で，曖昧で，正解のない複雑な未来を見据えて，戸惑いの気持ちや自信のなさにとらわれることも少なくないでしょう。

　こうした解決策の鍵として，ソーシャル・エモーショナル・ラーニングという考え方があります。今までの学校は，考える，問題を解決する，という「認知的能力」が重視されてきました。しかし，常に目標を設定し合理的に対処していくことは，人を疲弊させストレスを増大させます。そして，教える側のストレスが大きければ，自ずと子どもたちにも影響します。

　そこで，本書は，対人関係や感情のマネジメントなど，「非認知的能力（ソーシャルエモーショナルなスキル）」を学べるように意図されています。「仕事術」と「学級経営」に焦点を当てていますが，要領のよさを教えるマニュアルではありません。仕事にやりがいを感じ，同僚や生徒たちとあたたかく学ぶ風土を創出するために必要なスキルが網羅されています。

　執筆者や編者が伝えたい思いを，文章を通してぜひ感じ取っていただき，実のあるスキルとして，お役に立てていただければ至上の喜びです。

2024年2月　渡辺　弥生

まえがき

　この本は，初任者や若手の高校の先生が，高校教師として仕事をしていくための要点をまとめた本です。「教育は人なり」といわれるように，学校教育の成否は教員の資質能力に負うところが極めて大きいとされています。そのような中，高校教師は義務教育の小中学校と異なり，専門的な学習に対する学習指導や，進路や就職などそれぞれが自分自身の歩む道を決めていくことになるためのキャリア教育が必要となり，目標実現のために何をするべきなのかを指導することがとても大切になってきます。未来を担う生徒一人ひとりの夢や希望，生きる力を与えるために，日々，真剣に生徒たちと向き合うためには，教科指導，様々な教育活動に加えて，チーム学校，ICT の活用など新たな視点への取組も求められ，高校教師の「不易」の仕事とあわせて，時代の流れに応じた教育や仕事の視点が重要になってきます。とはいえ，頑張りすぎて心身の不調を招いては，充実した教員生活は送れません。

　そのため，勤務時間管理の徹底と勤務時間・健康管理を意識した働き方をしながら自らの授業を磨くとともに，日々の生活の質や教職人生も豊かにすることが，とても大事になってきます。忙しい教員の仕事であっても要点を抑えた仕事術を身に付けることで，上手な時間管理で生徒との時間を充実させ，高校教師という仕事にやりがいと誇りがもてるようにしたいものです。

　そこで，この本では，時短と成果を両立させることを目的に，仕事の全体像，時間管理，授業づくり，探究学習，学級経営・生徒指導，校務分掌，日常業務などの基本的な仕事にとどまらず，キャリアアップへの考え方までを第一線で働く現役教員や経験豊かな元教員といった先輩教員が，高校教師として仕事をする上で大事になることや成長に役立つことを1冊にまとめました。初任者が初めて読む教育書，また若手教員のバイブルとして，この本が役立ってほしいと願っています。

2024年2月　原田恵理子

CONTENTS

3章 授業にかかわる仕事術

4章 総合的な探究の時間にかかわる仕事術

7章 日常業務・その他の仕事術

1章

高校教師の
仕事の全体像

高校教師の仕事の基本

要チェック 👆
仕事の基本は移行支援である

■ 移行支援とは何か

　高校教師の具体的な仕事内容を論じる前に述べておきたいことは，その基本には，常に移行支援の問題があると心得ておく必要があるということです。ここでいう移行支援とは子どもから大人への移行ということです。

　義務教育と同様にほとんどの子どもたちが学ぶ場となる高校は，卒業後に，実社会に出て社会人となる生徒，大学や専門学校に進学する生徒に分かれる場でもあります。卒業後，社会人となる生徒にとって，高校教育は最後の学校教育，つまり完成教育となり，進学する生徒にとっては，次のステージへの準備教育の色合いが強くなります。

　写真は，合格発表を見に来た受験生です。準備教育は，上級学校での学びが円滑に行われるためのものですが，その最初のステップの一つが受験であり，合格発表です。

　移行支援としては，本来目的の違う完成教育と準備教育という二つを同じ場で達成しようとする難しさが高校教育には常に伴います。

◼ 仕事の両輪

さて，前項で述べたような移行支援の達成を目指して，具体的にはどのような仕事が行われるのでしょうか。

教員の仕事については，教科指導と生徒指導がその両輪だとよく言われます。教科指導の中心は，当然のことながら授業ということになります。そして生徒指導の目的は，『生徒指導提要』（文部科学省，2022）にもあるとおり最終的には「自己実現を支えること」

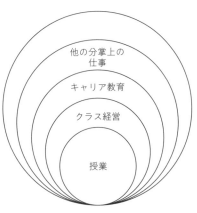

高校における教員の仕事のイメージ

です。そのため，生徒指導は，高校におけるあらゆる教育活動の中で機能することになります。

◼ 具体的な仕事内容

教員の仕事は，まずは授業です。授業がしっかりしていなくては話になりません。次にクラス経営，つまり担任としてのホームルーム指導です。そして，移行支援を果たして自己実現を目指すには，しっかりとしたキャリア教育ができることが望まれます。

それ以外にも教員の仕事は多岐にわたります。登下校指導，清掃指導，部活動指導，保健指導，人間関係づくりなど様々で数え上げたらキリがありません。それらは，学校の分掌上の仕事として，教職員全員で分担して実施されることになります。

（田邊　昭雄）

授業にかかわる仕事

授業では何を教えるのか

　教員の仕事は多岐にわたっていますが，その中でも授業は仕事の中心であり要となるものです。それでは，教員はその中で何を教えるのでしょうか（写真は実習室での情報の授業風景です）。そもそも，「授業で何を教えるのか」という項目の設定自体，生徒主体という現行の学習指導要領の理念から言えばいかがなものかということになってしまうでしょう。生徒主体ということで言えば，「何を学ぶのか」ということになるのですから。いずれにしても，授業では，何が教えられ何が学ばれているのでしょうか。

　もちろん教員は，教科の教員免許状を有して仕事をしています。そのため授業では，学習指導要領に示された各教科の内容が方法論も含めて教えられ，学ばれているわけです。そしてさらにはその中に完成教育として必要なこと，準備教育として必要なことを落とし込まなければなりません。

授業の準備（その１）

　一言で授業の準備といっても，それは多方面にわたっています。例えば，

以下のようなものがあります。

　　直接的なもの　　・教材の十分な下調べ

　　　　　　　　　　・教具の選定や作成（機器操作の習熟度等も含む）

　　　　　　　　　　・方法論（講義・グループワーク・実習作業等）

　　　　　　　　　　・授業構成　　など

　　間接的なもの　　・幅広い教養の蓄積

　　　　　　　　　　・生徒とのリレーションづくり　　など

　これらの多くは，基本的には学習指導案に集約されるものです。直接的なものだけでなく，間接的なものであっても，授業展開の導入部分や，学級観などに反映されることになります。そのため学習指導案はとても大切です。本来すべての時間について必要なものですが，用意は難しくとも少なくとも指導案を意識して行う必要があります。特に初任者とっては，この基本的な心構えが教員人生の将来を決めると言っても過言ではないと思います。

■ 授業の準備（その２）

　では，１時間ごとの授業が学習指導案を意識したものになっていれば，準備は完了かというとそうではありません。その授業が，その科目の中で長期的にどのような位置づけなのかということを明確にしておく必要があります。

　その際に必要となるのが，年間指導計画やシラバスということになります。この中で，それぞれの１時間の授業が，科目全体や年間を通して見たときにどのような位置づけになっているのかを，展望しておかなければならないということです。しかし，これらも学習指導案の指導計画の欄にはある程度記載されるものになります。そして，授業にかかわる仕事として最も重要となるのは，絶えざるバージョンアップ（最新の知識・指導法・機器等）を欠かさないということです。

（田邊　昭雄）

学級経営・生徒指導にかかわる仕事

要チェック 👆
生徒とのリレーションづくりが最も重要となる

■ 生徒指導は機能

　学校教育における教育活動の中に，生徒指導という領域は存在しません。それは，生徒指導はあらゆる教育活動の中における機能として存在するからです。生徒指導という営みはあらゆる活動の中で行われるため，教科指導（授業）や進路指導の中で，あるいは様々な行事を中心とする特別活動の中においても機能しています。生徒の登下校指導から始まって，ホームルーム（HR）における遅刻や欠席の確認とその対応，休み時間や清掃活動における指導など学校生活のすべてにかかわってきます。それらを通して生徒指導の目的である社会における自己実現ということを包括的に目指します。

　このことを考えたときに，生徒指導の根幹は生徒と教員のリレーションづくり，そして生徒間のリレーションづくりにあるということがわかるのではないでしょうか。この相互の関係性があって，はじめてあらゆる活動（指導）は潤滑に機能するということです。このことを國分康孝（元筑波大学教授）は，「リレーションが直す（治す）」と表現していました。

　しかしながら，リレーションづくりもまたこれらの教育活動を通じて形成・育成されていくということも事実であり，それは平行して行われると同時に，相互に影響し合って発展していくといえます。よい関係が効果的な生

徒指導を実現し，それがまたよい関係を助長していくという循環の中で成熟発展していくというイメージです。右の図は，この関係を簡略化して表したものです。

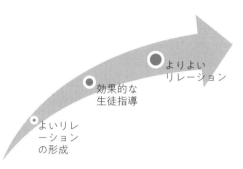

よりよい
リレーション

効果的な
生徒指導

よいリレ
ーション
の形成

■ リレーションづくりの中心は学級経営

　それでは，肝心のリレーションづくりとはどのように行われるのでしょうか。高校生は学校での生活の大半を HR で過ごします。そのため，HR という集団は学習集団（各教科科目の「学び」を共有する集団）であると同時に，生活集団（文化祭・体育祭や修学旅行などの学校行事や特別活動を共同で行う集団）でもあるということになります。

　この高校における基本的な集団である HR での教員−生徒間，そして生徒相互間のリレーションづくりが学校教育における生徒指導の根底となります。

■ よいリレーションを構築するとは

　リレーションづくりの基本は，「信頼関係」の構築であり，「信頼関係」の構築の背景には「相互理解」と「思いやり」があります。

　『生徒指導提要』（文部科学省，2022）では，生徒指導の目的を達成するために，(1)自己存在感，(2)共感的な人間関係，(3)自己決定の場，(4)安全・安心な風土を生徒自身が感じ取れる場が必要だとされています。そのような場の構築のために，ここでは詳細は触れられませんが，ピア・サポートなど様々な技法が開発されています。

（田邊　昭雄）

校務分掌にかかわる仕事

> 要チェック 👆
> **校務分掌にかかわる仕事は「チームとしての学校」の要である**

■ 校務分掌とは

　学校がその教育目標を達成するために，その学校で行われる仕事（校務）を効率よく行うための係分担とその組織を校務分掌と呼んでいます。校務分掌の組織は概ね以下のような構成になっていますが，管轄の都道府県教育委員会や学校によって名称や構成に多少の違いがあります。

・総務部（卒業式等の各種儀式，PTA との対応，行事の調整，広報等）
・教務部（教育課程の作成，年間学習指導計画やシラバスの管理，指導
　　　　　要録の管理，教科間の調整，授業や試験の時間割作成，図書
　　　　　の管理等）
・生徒指導部（安全教育，生徒会，教育相談，特別支援教育，ロングホー
　　　　　　　ムルーム〔LHR〕の企画運営，特別指導，部活動等）
・進路指導部（キャリア教育，就職，大学・短大への進学，専門学校へ
　　　　　　　の進学，調査書等）
・保健厚生部（保健室管理，生活学習環境整備，清掃，防災等）

　なお，近年では，情報処理部などをおく学校も増えています。また，図書

部や生徒会部，教育相談部などが独立している学校もあります。

　以上のような構成になっていますが，この他に各学年組織や委員会組織が存在しています。したがって，各教員は例えば保健体育科教員で，生徒指導部，特別支援教育委員会，２年生に所属するというようになります。

校務分掌間の連携

　下の図は『生徒指導提要』（文部科学省，2022）からの引用ですが，生徒指導における各分掌間の連携の状況がまとめられています。

　校務分掌の仕事は，それぞれ独立した係分担の仕事ですが，分掌間で重なるような仕事も出てきます。そのような問題・課題に対しては，各分掌がそれぞれの立場からできることで協力して連携し，協働で行っていくこともあります。

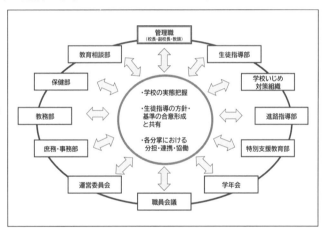

　特に生徒指導にかかわる案件に関しては，個々の生徒を様々な観点から総合的にみていく必要があるため，関係する分掌の関係する教員がそれぞれの立場から，チームとして一つの方向性を目指してかかわっていくことが大切になります。

　ホームルーム担任制をとっている高校では，多くの教員がかかわるこれらの仕事を，担任が最前線で統合しています。担任は自分のHRに関しては，ほとんどの仕事を担います。そのため，業務の専門性を高めると同時に多くの分掌を経験することも重要になります。

（田邊　昭雄）

その他の業務にかかわる仕事

■ 隙間を埋める仕事

　さて，前項までで述べてきた教員の仕事に加えて，その他の業務にかかわる仕事とは，そもそもどのようなものがあるのでしょうか。そして，そこにはどのような意味があるのでしょうか。

　かつて，大野精一（「関係機関との連携に関する研究～生徒指導主事と『教育相談コーディネーター』の役割を中心に～」千葉県高等学校長協会生徒指導委員会第1分科会，2012）は，日本の教員はスペシャリストではなくジェネラリスト，しかも「濃淡のあるジェネラリスト」である点に大きな特徴があると指摘しました。

　例えば，アメリカの学校であれば，教員は教科指導のスペシャリストであって基本的に他の仕事はしません。そして，日本の教員が行う担任業務と似たような仕事の多くは，その分野のスペシャリストであるスクールカウンセラー（SC）等が行います。

　そのため，高度に専門化されたスペシャリスト集団で構成される学校組織は，当然その専門職種ごとの分業制度をとることになります。日本の校務分掌も分業は分業ですが，教科指導を行う者が他の業務を分担するという形で，それぞれの分野のスペシャリストが行う分業とは異なっています。

日本の学校では，強固な担任制度の下で，教科指導の中でみる生徒というように部分でみるのではなく，一人の生徒を全体として包括的全人的に理解し，かかわろうとします。そこには当然，教員によってどの分野からのかかわりが濃いか薄いか，濃淡の差はあります。それが「濃淡のあるジェネラリスト」ということになります。

隙間に落とさない

　一人の生徒を何十人もの「濃淡のあるジェネラリスト」がみているので，結果的にそれぞれの生徒はそれなりに厚くかかわってもらえることになります。ですから分業の境目の隙間に生徒を落としてしまうことが少ないということです。明

確に分担された業務の周囲には，どこが担当するものなのかわかりにくい業務（その他の業務）というものが数多く存在しています。それは，この隙間を埋めるための業務であり，以下のようなものがその例になります。

【事例1】
　各高校で学校独自か教育委員会が主催して，公開講座のようなものを開催している場合です。地域の方々や生徒あるいは保護者などの希望者に，高校の専門性の高い教育を提供しようという試みです（写真）。

【事例2】
　様々な検定試験を一定の人数を確保した上で団体受験とし，当該高校を会場に設定し関係業務も学校側が行う形で，生徒への便宜を図ります。

　このような例は，生徒と地域や保護者とをつなげていく，きめ細やかなかかわりの現れといえます。

（田邊　昭雄）

2章

タイムマネジメント・スケジュール管理の仕事術

高校教師の1年・1日のスケジュール

要チェック 👉
自信をもって1日の1歩を踏み出す

高校教師の主な1年の仕事

1年間の仕事の流れを把握し，1日の仕事を積み重ねていくことは，効率的な時間管理につながり，自身の業務遂行能力を高めることになります。

年間行事予定（一例）
4月 入学式，始業式，クラス開き，保護者会，健康診断
5月 遠足，中間テスト，校外学習
6月 教育相談面接，保護者会，文化祭に向けて
7月 期末テスト，球技大会，進路ガイダンス，終業式
8月 夏季休業（教員は校内外で研修），文化祭準備
9月 始業式，文化祭
10月 学校説明会（中学生対象），中間テスト，進路ガイダンス
11月 保護者会，修学旅行
12月 期末テスト，終業式
1月 始業式，マラソン大会
2月 入学試験，合唱祭
3月 学年末テスト，予餞会，卒業式，修了式

大まかな１年の学校行事を把握して，各月に取り組むべき業務を確認し，効率よく仕事を進められるようにしましょう。

■ 高校教師の主な１日の仕事

　高校教師の仕事は多岐にわたりますが，そのうちいくつかはルーティン化が可能です。自分なりの「流れ」をもち，段取りを組むと効率よく仕事ができます。

```
                    １日の主なスケジュール
・打ち合わせ　　　：朝の職員会議，学年の打ち合わせ
・HR　　　　　　　：朝のSHR，帰りのSHR
・授業　　　　　　：空き時間は授業準備や事務処理，成績処理の作成
・各種会議，部活動等：校務分掌の打ち合わせや業務，個人・三者面談
```

　四つの主な仕事はどれも生徒とかかわるもので，学校によって様々な勤務形態はありますが，おおよそ順番通りで１日が流れます。

　打ち合わせは，その日の時程や行事等を教職員が確認し，学校全体で情報共有を図る場です。生徒や保護者への連絡事項を確認・記録し，業務への支障がないように情報収集・共有の漏れに気を付けましょう。HRは生徒の表情や体調，遅刻欠席等を把握し，学校行事の予定や変更などの情報を共有する大事な時間です。生徒とのかかわりに余裕をもって臨めるように時間に見通しをもつことが大切です。授業は教員の業務で最も重要になります。授業の進度調整や個別支援・対応の必要性の有無など集団と個への配慮や思いを巡らせ，授業準備とリハーサル（行動やイメージ）を行って授業に臨むことが重要です。授業後は，校務分掌による打ち合わせ，部活動，個人・三者面談などがあります。放課後も教員は忙しく走り回っています。

（末吉　文武）

特別支援学校教師の1日のスケジュール

 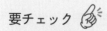**教員間で生徒の共通理解を図ることが大切になる**

特別支援学校高等部職業科の教師の1日のタイムスケジュール例です。

時間帯	仕事内容
8：20 ～	朝の打ち合わせ（全体，学年，学科）
8：35 ～	朝の SHR
8：50 ～	朝清掃（生徒と一緒に清掃）
9：05 ～ 12：35	午前授業（1～4限）
12：35 ～ 13：25	昼食，昼休み（生徒と一緒に）
13：25 ～ 15：05	午後授業（5～6限）
15：20 ～ 15：30	帰りの SHR
15：30 ～	放課後（曜日によって部活動）

タイムスケジュールについて以下に詳しく説明します。

「朝の打ち合わせ」

朝の打ち合わせの前に，個人の PC で1日の予定や連絡を確認しておきます。その後，全体での連絡があり，学年での連絡事項，学科での連絡事項と三つの打ち合わせを行います。特に大切になることが，学年や学科の教員間で生徒の共通理解を図ることです。生徒の体調や注意事項などはメモをします。また，学年で生徒に伝える連絡など，様々な情報も共有します。

「朝のSHR」

打ち合わせが終わると担任はすぐに教室へ行きSHRをします。

①挨拶（気持ちのよい挨拶を意識し，表情や服装の変化に注意します）

②出欠確認（健康観察や欠席者に応じて家庭からの連絡がなければ，電話連絡をします）

③1日の予定の確認（一人ひとりの生徒にわかりやすいように支援します）

④打ち合わせでの連絡事項の確認

⑤担任の話（時事的な話をしたり，1日の目標を確認したりします）

提出物や連絡帳の確認を行い，家庭からの連絡などを確認します。

「朝清掃」

教室の清掃を生徒と一緒に行います。特別支援学校は基本的に，生徒の手本となるように担任は一緒に活動します。

「午前授業（1〜4限）」

専門教科（コース実習）を展開している間は，教師もともに活動しながら指導・支援します。各教科は教科担当が授業を展開します。

「昼食，昼休み」

基本的には，教室で生徒と一緒に昼食をとります。昼休みには生徒とコミュニケーションを取ったり，副担任にクラスを任せて，休憩を取る等します。

「午後授業（5〜6限）」

曜日によっては，1日専門教科を行う日もあります。自立活動や道徳の授業なども担任が行います。

「帰りのSHR」

明日の予定の確認や持ち物の確認。連絡帳の記入を行います。

「放課後」

週に3日，部活動の指導があり，17時まで行っています。部活動のない日は，職員会議，学年会議，教科会議，コース会議，授業準備，指導記録の記入等の仕事をします。

（武田　和也）

スケジュール管理の方法

見通しをもってスケジュールを管理する

■ スケジュール管理

　管理すべきスケジュールの対象は一体何でしょうか。これは，学級担任，教科担任，校務分掌の係，部活動顧問など，校内でおかれた立場によって変わってきます。まずは見通しをもって段取りを考えましょう。

スケジュール管理の注意点

・仕事の段取りを考える。
・同僚・生徒・保護者の状況を考える。
・不測の事態を想定しておく。

　一般的にどんな業務も「相手がいること」を常に考えます。「相手に応じた業務の遂行を検討する」ことがすべての仕事の基本になります。
　スケジュール管理の方法は多岐にわたります。スマートフォンやタブレット端末向けのスケジュール管理アプリケーション，機能的な手帳，A7サイズのメモ帳などがあります。そのため，自分に合うものを用いましょう。このとき，中期的・長期的なスケジュールを分けておくことをおすすめします。中期的なスケジュール管理であれば見開きで1週間の授業スケジュールを記

入できるノートがよいでしょう。同時に，課題や連絡事項，会議や学校行事，面談といったことも記入すると，ひと目で1週間の流れがわかり，仕事のうっかりミスも減らせます。長期的であれば，1週間だけでなく1か月スケジュール付きのものも便利です。また誰でも無料で使えるカレンダー機能を有するアプリケーションの利用も一つの手立てとなります（Google カレンダー等）。勤務校の1か月，学期別，1年間といった枠組みでスケジュールが管理できるだけでなく，短時間での修正や情報共有が可能です。

業務に要する集中力や思考力の度合いを考える

　教職に関する多くの仕事の中でも，特に集中力が必要なものがあります（定期考査の作成，成績処理，進路関係の資料作成など）。まとまった時間を要し，ミスが許されない業務は，なるべく分断されないようなスケジュール管理を心掛けましょう。「この曜日のこの時間は必ずこの仕事をする…」というルーティーン化も一つの手立てとなります。また，集中力や思考力を伴う業務は，脳の活動が活発な午前中に取り組むことをおすすめします。

仕事に完璧を求めない

　生徒のためにと授業や教育活動を工夫しようとすると，いくらでもできてしまうため，教員の仕事に終わりはないと言っても過言ではありません。そのため，「完璧」を目指そうとすると時間が足らず，心身への負担も増加します。わからないこと，できないことや進捗状況を同僚の先生に相談し，助けてもらうようにしましょう。また生徒や保護者の期待に応えたいと完璧な援助や支援を目指すのではなく，ニーズに根差した支援や援助を精選することも必要になります。そして何より大切なのは，先生方一人ひとりが，家族や大切な人と過ごす時間を確保することです。仕事以外のスケジュール管理も大切にしましょう。

（末吉　文武）

空き時間の活用

空き時間を有効に使う

　空き時間をいかに効果的に使うかは「定時退勤」にもつながり，働き方改革の推進につながります。学校によっては教員の持ち時間数を考慮し，授業２コマ分の空き時間を確保するという取組も見られます。この時間を有効に使えるよう，やるべきことを明確にして業務に取り組みましょう。

①空き時間のパターンに応じた業務のやり繰りの具体例

空き時間の活用法

１時間分：作業や打ち合わせ時間が短時間で済む取組
　　　　　例）提出物のチェック，採点（単純箇所），各種会議等
２時間分：次の時間の授業内容の検討，プリント作成など考える作業
　　　　　例）授業準備，教材研究プリントの作成，会議資料など
３時間分以上：学年単位以上の行事等の企画・立案など複数の教職員で
　　　　　臨まないといけない十分に考える必要がある業務
　　　　　例）LHRや探究活動の企画・立案など

> **時間帯から考える空き時間の業務の一例**
> 午前：家庭への連絡（欠席生徒の健康状態，安否確認等）
> 　　　＊連続して欠席が続く生徒の保護者への安否確認や健康観察など
> 　　　　を優先とします。
> 午後：対外的な連絡（業者への連絡や部活動等の日程調整等）
> 　　　＊対外的な連絡調整に適した時間帯で，週末であれば次週の予定
> 　　　　などを確認することにも適しています。

　連続した空き時間がある場合には，学年会議や分掌による会議，SCとの情報交換など，時間割の隙間に業務を組み込んでくる高校もあります。

②「賢い空き時間の使い方名人」を目指す

　空き時間を有効に活用するために①に基づいてポイントを整理しました。以下のことを心掛けて，「賢い空き時間の使い方名人」を目指しましょう。
　・自分自身の時間割から空き時間の特徴を把握する。
　・連続した空き時間数に応じた業務のやり繰りを考える。
　　　　1時間単位の空き時間の場合：提出物の有無のチェックなど単純な作
　　　　業に適している。
　　　　2時間以上の空き時間の場合：授業準備や行事の企画・立案など様々
　　　　な調整や複数の教職員で臨む必要がある業務に適している。
　・空き時間の時間帯によっても業務の内容を考える。
　　　　午前：生徒の保護者に関係する連絡など
　　　　午後：対外的な調整や部活動，業者などとの調整

　以上の空き時間の活用方法は一例です。これらを参考にして自分自身にとって有効な時間の過ごし方ができるよう，自身が置かれた環境や業務にそって賢い空き時間になるようアップデートしてください。
　　　　　　　　　　　　　　　　　　　　　　　　　　　　　（末吉　文武）

時短につながるアイデア

（文書作成①）

■ 文書作成の時短術

文書作成にはコツがあります。その代表的な時短術の例を紹介します。

> ・テンプレートとなる文案や資料を大いに活用する。
> ・そのまま使えるものは，ためらわずに活用する。
> ・次回，次年度へ向けた記録（電子データ）として保管されたものを活用する（次年度への引き継ぎを確実に行う）。

　すでに実践されているものがあるかもしれませんが，なかには，「（初任で初めてだから，やったことがないから等）どこから手を付けようか」と悩んでいる方もいるでしょう。しかし各学校には，学習指導案や職員会議の資料をはじめ，洗練された文書資料が保管されており，電子化も進んでいます。恥ずかしいことは何もありません。それらを積極的に活用して作業時間を短縮し，さらにはその作成プロセスを通して，文書作成のスキルアップも目指しましょう。

テンプレートの活用は知見の宝庫，やがては自らの財産に

　教員の「働き方改革」が叫ばれている昨今，事務作業であるこの「文書作成」は率先して時間短縮をしたい業務の一つです。ワープロ時代から蓄積されたデータも含めれば，現在の職場にも多くの電子データの蓄積（知的財産）があります。それらを使わない手はありません。積極的に活用しましょう。

　また，これまで所属校で実践したことのない新規行事や事業に関する資料も，蓄積された知的財産を組み合わせる，各教育委員会や国内の高校の実践例を参照する，教育行政機関が公表している資料を利用する，さらには近隣の学校との情報交換等により，類似資料の入手は可能です。これらの資料を活用することで，勤務校オリジナルの資料が作成できる場合もあります。また，先輩教員に相談することも資料作成における一つの手立てとなります。

　文書作成はできあがるまでに修正を繰り返し，ときには厳しい指導を受けることもあるなど，作成に慣れていないと苦労することが多々あります。しかし，文書や資料が完成し，それをもとに管理職を含む全校の教職員が協力的かつ協働的に動いてくれ，その結果，生徒の活動が充実したという流れが確立されると，これまでの苦労も報われ，喜びを感じることになるでしょう。教師としての成功体験が，学校に新しい活力を吹き込むきっかけになるかもしれません。

　このように，文書作成の時間を短縮するということは，生徒と向き合う時間を確保するということにつながります。すなわち文書作成のスキルアップを図ることは，総合的に教師力を向上させることにつながります。教員生活における自らの「知的財産」をより多く，そしてより効率的に生み出すためにも既存のテンプレートを大いに活用していきましょう。

（末吉　文武）

時短につながるアイデア

（文書作成②）

■ 公文書は型どおりに

　学校から保護者や地域の方々に校長名で発出される文書は，手紙やはがきのような私信と異なり公文書の扱いとなります。それだけに，その書式や使用語句に関しては，様々なルールがあります。

　例えば，普通の手紙であれば「謹啓」や「敬具」といった頭語と結語が使われますが，公用文では使用せず，「日ごろから本校のために御協力を賜りまして」というような書き出しで作成することが多くなります。

　したがって，このような公用文に関しては，定型的な表現を用い，依頼文や通知文を作成するようにします。

■ 学級通信はフォーマット化

　担任教師として，学級通信を作成し，生徒及び保護者に配付することが多くあります。学級通信は，学校・担任と保護者との信頼関係を構築する上でとても重要な役割を果たします。作成する際には，手書きの場合は，学級通信のタイトルや外枠などはフォーマット化し，本文だけをどんどん書き込むようにしましょう。パソコンで作成する場合は，年度当初に書式を決めて，

発行するたびに適宜写真や図を挿入し，短時間で作成できるようにすると効率的です。留意点として，クラスの生徒に偏りが生じないように，バランスよく全生徒を取り上げていきましょう。写真についても同様です。

■ 校内文書はファイルの共有で時短

校内の各種行事で使用する文書に関しては，校内で共有フォルダに保存し，当該年度の担当者がそのファイルを利用し，その年度に合わせて加筆修正することで時短につながっていきます。例えば，体育祭に関する文書は，一つのフォルダに年度がはっきりとわかるようにファイル名をつけて保存しておくと便利です（例：「体育祭役割分担2023」）。

ただし，従来と変わらずに作成しているデメリットとして，つい修正することが億劫になり，前年度の反省点を踏まえずに前例踏襲に陥ってしまう懸念もあります。

そこで，毎年行事の後に担当者及び全体での振り返りを行い，次年度への申し送りを残しておくことが大事になります。

■ 各種コメントの入力

学校によっては，通知表（もしくは成績通知）などにおいて，成績や出欠の記録のほかにコメント欄があり，そこに担任が記載するケースもあります。そのコメントに関しては，番号を入力することによって，その番号に規定された定型化された文を入力することができ，記載の時間短縮を図ることができ，すでに実施されている学校もあります。例えば，「No.1」＝「皆勤で，日々の学校生活においても真摯に取り組んでいます」といった定型句をつくっておくとコメント入力の時短になります。

（百瀬　明宏）

時短につながるアイデア

（整理整頓①）

整理整頓のスキルを身に付けよう

■ 教室

　教室と職員室の片付けにはポイントがあります。まずは教室にデスクがある場合は，引き出しの使い方を決めましょう。

整理整頓ポイント（その１）

(1)　一次的に使うもの，自分用，生徒用，書類系といった大きなまとまりで分けると整理しやすい。分類に当てはまらないものは教室に持ち込まないようにするとデスク回りはきれいに保てる。

(2)　書類管理は，重ねない。重ねると内容がわかりづらく管理が難しくなる。

　不定期に机回りを見直し，あまり使わなかったものを減らす整理をします。例えば，小さい引き出し付きの棚や，買い込んだ雑巾や文房具など，活用できなかったものをそのまま放置していないか確認します。グループ活動で使ったホワイトボードやペン類，ハサミなどの文房具を何気なくデスクの上に置いたままにしている場合もあるでしょう。大事なのは，物を溜め込むことなく，その場で片付けをする習慣を身に付けることです。

■ 職員室

　職員室も教室のデスクと同じように，整理整頓を心掛けます。デスク周りはものが溜まりがちです。机の引き出しは収納物の分類を最小限にとどめ，「保管する文書を減らす」ことで，仕事をしやすい環境になります。

整理整頓ポイント（その２）

(1)　先生同士で共有する。

(2)　期限が過ぎ手元に残す必要があるもの以外は廃棄する。

(3)　手帳やタブレット等に必要なことだけメモをして文書(資料)を捨てる。

　文書（資料）は確認したいときに手元にあることが重要ですが，必ずしも自分で所有する必要もありません。教員間で共有しましょう。デジタルデータでの管理が主流となっている今，校内ネットワークの共有スペースに保管することで誰でもアクセスでき，印刷時間や紙とインク代も減らすことが可能です。紙媒体で保管したい場合も，文書を綴じたフ

整理整頓前

整理整頓後

ァイルを一つつくり，職員室内の共用キャビネットに保管することで，自分で管理する労力も削減できます。

　職員会議の資料など様々な資料には消費期限があります。例えば，行事では提案文書が配られますが，それが終わったタイミングで提案文書は捨てることができます。さらに，配付された資料を見ると，重要なのは日時だけという場合もあります。必要な情報だけメモをして捨てることで，不要な書類の「溜め込み」を防止できます。一気に行う片付けは時間もかかり，負担も大きくなります。日頃からの整理整頓を心掛けましょう。　　　　（末吉　文武）

時短につながるアイデア

（整理整頓②）

■ 書類の保存方法

　学校では依然とし大量の紙ベースの資料が配付され，それを多くの教員がそれぞれ保管し，長い期間にわたって保存している実態があります。これでは自身の教材準備のための資料もある中で，資料は増える一方です。

　そこで，まず重要度と緊急度に合わせ，資料を整理します。その上で，資料の保管場所にも限りがあることから，順次資料を処分しながら，一定量の資料を保存するようにします。さらに，毎週金曜日に資料の見直しを行うなど定期的に資料の廃棄を行い，保存スペースの確保に取り組みます。

　ファイルの色を年度によって変えることも整理をする上で有効です。ついファイルの分類を，業務内容で分類しがちですが，同じ年度内の資料でもかえってファイルの色が異なるために統一感がなく，どこへ保存したかわからなくなります。ただし，個人ではなかなか難しいこともあり，学校全体で取り組む必要があります。

■ 共有すべきものと自身で保有するものの区別

　保存すべき資料の中には，自分自身が保管しなくともよく，学年や分掌，

教科などで保管していればいいものもあれば，個人で使用する資料に関しては，自分で保管しなければならないものもあります。特に，共有できる教材や資料に関しては，個人では持たず，関係者全員が閲覧できるようにしておくべきです。その結果，個人のスペースに余裕が生まれ，自らの教材教具や資料の保管も容易になります。

　高校の場合，自分の教材や生徒用資料を，各自が独占する傾向があります。教員のオリジナリティを重視するあまり，他の教員と資料を共有せず，結果的に同一科目を担当しているのに同じような資料を複数の教員で作成してしまうというロスも発生しがちです。それをいかに共有していくかが，今後の教師の資質能力の向上と効率的な業務の運営につながっていきます。教材に関しては，データを共有しながらよりよい教材作成を目指しましょう。

■ 机上の整理と机の中

　個人のデスク周りはどのようになっているでしょうか。教材のプリントや生徒から提出された課題，それに職員会議や学年会議の資料がヤマのようにはなっていないでしょうか。

　そこで，机上の整理と引き出しの中をいかに整理していくかのヒントをいくつか示します。まず，机上にはPCのスペースと筆記用具だけに極力しましょう。決して資料を横積みにしないことです。横積みにすると，古い資料が下になり，どんどん地層のように積み重なり，しまいにはどこに置いたかわからなくなってしまいがちです。そこで，どうしても資料を置く必要がある場合には，時系列に縦置きにすることです。そうすることで，時間軸により資料の整理が可能になってきます。

　引き出しの中は，百円均一で買える小物トレーを有効に活用し，同じものを一つにまとめるようにするとすっきりしてきます。下段の引き出しは，書類の保管場所になりますが，これもブックスタンドなどを有効活用し，内容別にファイルを分類すると，書類の分別に有効となります。　　　　　（百瀬　明宏）

時短につながるアイデア
（PC の活用）

> 要チェック 👆
> PC に触れる時間を増やす

■ Teams・Forms 等の有効活用

　教員一人ひとりに個人 PC が配布され，ICT を活用して校務を効率化することは，教師の「働き方改革」につながります。教員の業務負担軽減に向けて校務の情報化を進めるため，ICT の活用を前提とした効率的な校務の手順やシステムの確認が大事になります。現在，多くの高校で，教員と生徒の一人ひとりが Microsoft のアカウントを所持し，Teams や Forms などの機能を使うことができるようになりました。そこでどのようなことが行えるか，以下に事例を紹介します。

　Teams を使うことで，クラスの生徒だけでなく教員同士の連絡もスムーズに行うことができるようになりました。クラスで共有したいファイルなどをアップすることで印刷の時間短縮につなげることもできます。また，課題データの配布・提出・回収を行うこともできるので，クラスだけでなく各教科でも活用します。

　Forms は様々なアンケートの集計に活用でき，これまでとは比べ物にならないくらい調査等で時間が短縮されました。例えば，修学旅行の体験学習について希望調査を取るときに Forms が活用できます。以前なら紙ベースで配付→記入→回収→集計→入力→掲示して確認，という流れの作業でした

が，Formsを活用することで，配付文書の印刷→回収→集計と作業が大幅に省略されます。またExcelベースのファイルとして編集ができるため，掲示までにかかる準備も短時間にまとめることができます。

他にも，事務室にかかってくる朝の遅刻や欠席の連絡をFormsを利用して生徒や保護者に入力してもらい，教員はPC上で確認することができます。朝の欠席連絡や感染症が校内で流行している時期などは電話対応が増えるため，この電話対応がなくなることは，教師の事務作業が減り大いに時短につながります。

学校の状況や環境に応じて，様々なアプリをうまく組み合わせて活用することで校務の情報化を図りましょう。

■ 各会議資料の電子化

職員会議における会議資料は，内容・枚数ともに多くなる傾向です。以前はすべての資料を印刷して配付していたため，印刷するための時間や紙を大量に消費していました。しかし，会議資料をPDF化して共有のネットワーク上に置いておき，事前に目を通しておくことで円滑に会議を進めることができるようになりました。これにより印刷にかかる時間や手間，紙の量も節約できるようになります。

また，学年会議などで資料に目を通しながら話し合いを行っていく際にもTeamsを有効に活用することができます。Teams上にアップした資料は共

有になっているため，WordやExcelなどの形式のファイルはリアルタイムに変更や更新をすることができます。資料をつくり直してから配付し直すよりも，会議を行いながらその場で変更をすることができるため，時間の効率は非常によくなります。また，会議資料の電子化は，保管にも有効です。

■■ テストの自動採点

　最後にテストなどのAIを利用した自動採点システムについてです。現在千葉県公立高校では「百問繚乱」というシステムを導入しており，定期テストや小テストの採点に活用し始めています。AIを利用した自動採点は，答案の文字のきれいさや解答の長さによって精度がだいぶ変わってきてしまうため，まだあまり使うことはできません。しかし，スキャナで取り込んだ答案データをPCの画面上で採点することができるため，採点にかかる時間は大幅に削減されます。また，平均点や問題ごとの正答率なども計算してくれ，まとめたものを1枚の紙にして印刷することができるため，時間短縮につながります。

　ここまで挙げたシステムや利活用の問題点は，準備することが少しあることと，PCを使うことに苦手意識をもつ教員は，なかなか進んで利用しようとしないことです。PCの扱いは若い先生方の方が基本的には得意な傾向で，新しいシステムの導入や使用に対しても抵抗があまりない印象です。学生の頃からPCやタブレット等に触れる機会が多かった若い教員であっても，今後，さらにPCに関する技術（スキル）を向上するため，紹介した以外にも様々なシステムに触れ，自分なりの工夫をして仕事の時短につながるように利活用することが積極的に求められます。また，得意な人は不得意，苦手意識をもつ同僚教員をサポートしてあげましょう。

（太田　健介）

3章

授業にかかわる仕事術

授業準備の方法

■ わかる授業が好循環を生む

　高校は毎日6〜7時間授業があり，当然ながら1日のほとんどが授業です。高校は教科の専門性が高いので，自分の教科の勉強が得意（好き）な教員が多い傾向です。そのためその教科が苦手で，わからない授業を狭い机でずっと受け続ける生徒の辛さは，こちらが考える以上のこともあります。

　そうは理解していても，やらねばならない校務，突発的なトラブル対処や急な保護者対応，放課後は部活動や会議などをこなさねばなりません。

　それでも授業準備をきちんと行い，教材研究をして授業計画を立て，発問・展開を練り，板書計画を考えないと，授業がうまく展開できず，生徒もキツそうな表情になり，お互いが辛い負のスパイラルに陥ります。逆に，生徒がわかる授業ができれば，いろいろなことが好循環していきます。

■ 助け合える仲間がいれば学びが深まる

　ソーシャルスキル・トレーニング（SST）などで「話す・聴く」等のスキルを学び練習することは，運動部で例えると「練習試合」のようなものです。授業等の日常が「大会本番」といえます。SSTで学んだスキルをうまく活

用でき，自分らしい発言ができる雰囲気がつくれるかが重要です。

　教員自らが聴くスキルのモデルとなり，発言する生徒に体を向け，目を見て，相槌を打ちつつ最後まで話を聴き，質問をして関心を示したり，まとめて確認したりできるとよいです。具体的によかったことと感謝の気持ちを伝えると，さらに強化することができます。スキルを活用したときに仲間から「すごい！」などの承認が得られると，「また頑張ろう」と自信につながります。その過程で学習も進展し，仲間関係も深まって教室が温かい雰囲気になり，成績も向上していくので不思議です。

■ ルール順守を徹底する

　安心して学んだスキルを活用するには，マナーやルールを徹底させることが有効です。始業・終業時間を守り，課題も提出期限を厳守させ，机上に教科書やノートの準備をさせます。授業でも挨拶を大切にし，最初は「お願いします」，最後は「ありがとうございました」と教師も心を込めて伝えます。

■ 「私メッセージ」を活用する

　必要に応じて厳しく指導しますが，して欲しいことは「私メッセージ」で伝えるようにします。例えば，授業中に寝ている生徒には，心配している気持ちが伝わるように「大丈夫？　具合悪いの？」と揺すり，「平気です……」等と返ってきたら，「そうなの？　よかった！（私は）ノートを書いてくれるとうれしいなぁ……」と「私」を主語にして気持ちを伝えます。生徒は責められている気持ちにならず，素直に行動を改善してくれます。

■ 同じ教科の先生の授業を見学する

　異動・着任したときは，先輩の授業を見学しましょう。できれば，自分が

担当する学年の同じ科目の先生の授業を見学すると，とても参考になります。

　生徒や学級集団のアセスメント（見立て）ができ，発問の仕方や生徒への
かかわり方，板書の書き方などどんな授業の型に慣れている生徒や学級集団
なのかがわかります。自分の授業の流れづくり（組み立て）に活用できます。

学習指導要領を確認する

　学習指導要領を確認しながら，３年間の学習指導の流れを考え（把握），
その年度の年間指導計画を作成（理解）します。そして，その流れの中で，
その単元で達成すべき目標を把握することが重要です。

教科書を熟読し指導書を参考にする

　指導目標を達成するために用意された教材である教科書や指導書をよく読
みます。しかし，学校によっては難しすぎたり，簡単すぎたりします。その
学校の生徒の学力に合った授業を展開することが大切です。全体的には中間
層の生徒にターゲットは合わせつつ，できる生徒が力を発揮できる場面も考
え，苦戦している生徒は机間指導で様子を見ます。厳しそうな場合，放課後
等にフォローします。最初は様子を見つつ，復習から丁寧に入るようにして
います。ついてこられるようになれば，少しずつレベルを上げていきます。

事前・事後アンケートでお互いに振り返りをする

　授業の最初に自己紹介アンケートを生徒に書いてもらい，その科目で得意
なこと・苦手なこと，趣味・部活動・進路のこと，授業での要望などがあれ
ば教えてもらうとよいです。これらの情報をもらうことで気を付けるポイン
トが把握でき，導入や発問に活かせ，授業の流れをつくる参考にできます。
　また，中間考査と期末考査などの後にも「振り返りアンケート」を実施し

ます。上段は各自で振り返り、「自分で頑張ったこと」を書いてもらうと、こちらで思うこととズレていることもあり、多くの気付きをもらえます。生徒自身が次の授業から考査に向けて気を付けていくべきことが明確化し、目標をもてるようになります。

下段は教師の授業に向けての振り返りです。「もっと指名して欲しかった」「話し合いは最初不安があったけどすごく楽しかったし、テストで思い出せるので続けて欲しい」等、授業改善への感想（意見）をたくさんもらえます。それを PDCA（計画→実行→評価→改善）サイクルにつなげます。

授業アンケート

毎時間、授業終了後に反省することは多く、生徒の反応を見て10分休みの間に次の授業準備をしつつ、移動しながら「別の説明の方がわかりやすかった」等、修正し次の授業に活かします。「次こそ！」と改善する努力をし続けると、生徒たちはともに学びつつ、応援してくれるものです。

不安なことは先輩教員に確認する

生徒たちは全教職員で教育している私たちの大切な生徒です。わからないことや不安なことは遠慮せず、信頼できる先生に相談してください。確認して共有すると、自信をもって指導することができます。

作成した資料は保存する

作成した資料プリント等は、毎回保存するとよいです。共有フォルダ等に入れ活用し合うことで、次に向けてブラッシュアップできます。（齊藤　敦子）

教材研究の仕方

■ 教材への理解を深める

　教材準備をして教える以上の勉強をすることは大事ですが，学んだことをすべて教えるのは無理で，無理に教えようとすると生徒は消化不良になります。教材研究は目標に合わせて，教材でないものを教材にする営みといえます。教材の内容を理解してインプットが整ったら，目の前の生徒に合わせて，教科書という素材を活用してアウトプットの方法を考えます。冷蔵庫に食材が豊富に整えられれば，様々な料理をつくることが可能になります。料理を出すときには提供する時期や相手の趣向に合わせ，より美味しく栄養を取ってもらおうと考えるのに近いです。

　この項目では，国語を例に説明をします。

■ 学習指導要領の目標を達成するために必要なものを作成する

　料理づくりの際にレシピ通りにつくるだけでなく，提供する側の好みに合わせ，スパイス等の不足しているものを加えて工夫することで，より満足してもらえます。授業の単元のねらいを確認し，生徒の実態に合わせて，課題のワークや小テストを作成したり，映像や画像の資料を集めたりするとゴー

ルに近づきやすくなります。教科特性によりますが，同じ教科の先生に伺い，共通教材や共通小テストなどを活用する工夫をし，協力・分担すれば先生方の負担が軽減でき，学年の生徒にも同じ知識の定着が期待できます（次年度の指導の見通しも立ちやすくなります）。先輩から学べることも多いので，積極的に教えをこいましょう。そして，指導と評価の一体化に留意し，定期考査や評価についても確認していくことが大切です。

■ 実生活とのつながりを実感できるようにする

　日々様々なものへ関心をもってアンテナを張り，ネタを探しストックします。生徒たちが教材に対し，当事者意識をもって自分ごととして考えられるよう，身近な例に落とし込めるような導入や発問を心掛けます。

■ 生徒同士での学び合い・話し合いを大切にする

　コロナ禍でオンライン学習が進み，かえって生徒たちは対面の授業での意義を求めているようで，50分の授業中に，ペアワークや話し合いを2～4回程時間を取るようにします。CMも15分周期で入るように，人の集中は15分程度と言われています。その日の授業でポイントとなるところ，わかりにくいところ等を中心に概ね15分くらいに1回ずつ入れるように用意をします。生徒もそれがわかるようになると，聴いて知識理解を深める，ノートを取る，一人で考える時間など集中して取り組めるようになります。

　最初はクローズドクエスチョンで「はい」か「いいえ」などで答えられる簡単な質問をし，テンポがよくなり少しほぐれてきたら，「○○だったらどうする？」とか「○○なのはなぜだと思う？」とオープンクエスチョンで問いかけ，まずは各自で1分程考えさせ，自分の考えをメモさせます。

　次に席の前後左右で「～をどう思う？」などと実際に言わせた上で，2～3分ほど話し合わせます。友達への聞き方がわからない生徒も，こうすると

安心して問うことができます。友達と確認することで自信をもって発言できるようになり，教えたり教わったりしながら，関係性もよくなっていきます。

　以上のことは，会食（共食）や飲み会で関係性が向上するのと似ています。

■ 授業の流れ（型）をつくる

　コース料理は次に何が出てくるかわかるので見通しをもっていただけます。教材の最後の授業では，台本をつくって寸劇をしてもらったり，漫画を構成して復習プリントをつくり，配役を決めて声優を務めてもらったりしています。

　例えば，「児のそら寝」は１年生の最初の教材なので，特に意欲的に取り組んでくれます。ぼたもちを知らない生徒もいるので，朝早起きをしてぼたもちをつくって持って行き，劇で食べてもらうと心からの「美味しいねぇ〜」のセリフにクラスがワッと盛り上がります。最後の感想に役者への温かいコメントも多く寄せられるので，全体に読んで伝えると，役者をやってくれた生徒はもちろんですが，他の生徒も「次回はチャレンジしてもいいかな……。」という雰囲気になります。

寸劇の台本の一部　『宇治拾遺物語』「児のそら寝」

■ 班での話し合いの教材をつくる

　寸劇や要約などの総復習が終わってから，最後に班ごとでの話し合いをさせます。1班三〜五人程で，まず各自で考えさせ，話し合いの内容によって時間を区切って（キッチンタイマーなどを活用）話し合わせます。

　班ごとに巡回して話を聴くと，必ず感動や発見があるので生徒と拍手をして共有します。最後に班の代表を決めさせ，班での話し合いの内容を順番に発表してもらいます。そのときには発表者は「話すスキル」を，聴く全員は「聴くスキル」を活用しながらやってもらうと，ほめる機会も増えます。

　話し合いを終えてからの感想を全体へ返します。自分たちの班の感想だけでなく，他の班の違った考え方や思いを聴くと考えが深められます。それを最後に感想文として書かせて提出します。書いたものを読んで，共有したい感想を次の授業で四〜六人程紹介して全員で味わいます。このときに名前を言うとセンシティブな生徒は傷ついて「次回からは本心は書けない」と思う場合があるので，名前は呼ばないように配慮します。読んでもらうだけで自信になるようです。

■ 自分の成長が実感できるように工夫する

　学習意欲をもちにくい生徒の場合は，予習課題を出して毎時間チェックし，少しでも頑張っていたらほめてあげるといいです。予習すると授業がわかるようになるので，発言も増えて予習が定着します。考査や模試等で点数が上がると自信につながり，授業への取組が向上します。漢字・古文単語・古文常識・英単語小テスト等は頑張りがすぐ現れるので張り合いがあり，満点者の名前を呼んだりして学習への動機づけとすると効果的です。「共通テストで7〜8割取れる力をつけたい」「就職試験で合格したい」など生徒が目標をもてるようにしたいものです。

（齊藤　敦子）

指導計画の作成

要チェック
指導計画作成は授業力向上の元となると諒解する

全体計画から年間学習指導計画表作成へ

　学習指導要領に基づき，各学校で全体計画が立てられます。そして各教科で年間学習指導計画が作成されます。１年生で作成される年間学習指導計画は，中学校との関連，生徒の特性や進路等を考慮し，３年間の見通しをもって内容を決め，各内容に充当する授業時数や単元の構成，配列等を担当する教員で話し合って作成します。

年間学習指導計画表を作成する

　年間学習指導計画は，どの時期にどれくらいの時間をかけて，どのように学習活動を展開するのか，その活動を通して，どの程度まで生徒の学びを高めたいのか等を具体的な学習の様子を思い描きながら，計画を立てます。年間学習指導計画表から年度当初に配付するシラバスを作成します。

　年間の学習指導計画表を作成するときに，教材と地域や科目の特性を活かすとよいです。例えば，国語の評論教材・港千尋『テルミヌスの変身』（テルミヌス＝境界の神様）を，コロナ禍での１年生の授業再開で扱うときに，高校の地域に残っている「辻切り」（人畜に害を与える悪疫が集落に侵入す

るのを防ぐため，集落の出入口に
あたる四隅の辻に藁で作った大蛇
の霊力によって遮断するもの）を
授業導入で紹介したところ，他地
域から入学した生徒も，市内にい
ても知らなかった生徒にとっても，
新鮮な感動があったようでした。
教科によって，博物館や美術館の
展示やスポーツの大会の時期など
に合わせて，年間計画に取り入れ
るのも有効です。

■ 学校内外の教員との交流を大切に

　例えば，日本近代文学館では教科書で扱う作家の特集をしてくれています。

　講演会やいただく資料はもちろん勉強になりますが，そのときに出会った他県の先生方の実践を伺ったりすると授業計画を練る参考（ヒント）になります。

　例えば駿台や湯島聖堂などで実施している教員向け研修会に参加し，教科の先生同士で教え合ったりできると，次年度の指導計画作成に活かしていけます。

教科	国語	科目	古典講読	単位数	4 単位
学級	第3学年4,6,8組	教科書	第一学習社「高等学校古典B」		
		副教材	第一学習社「新訂総合国語便覧」「了完全マスター古典文法」 いいずな書店「古文単語330」「大学入試国語必出1200」クラーズ「WINSTEP古典」・「2点「速読古文集」		

教科の目標	国語を適切に表現し的確に理解する能力を育成し，伝え合う力を高めるとともに，思考力や想像力を伸ばし，心情を豊かにし，言語感覚を磨き，言語文化に対する関心を深め，国語を尊重しその向上を図る態度を育てる。
科目の目標	「国語総合」・「古典B」で学習した内容をふまえ，古文・漢文の発展的知識を身につけさせる。また，「物語」や「史話」を中心とした，古典としての価値が高い作品を学びながら，より深く作品世界に親しませ，理解と興味を深める。
指導目標	古典としての古文と，古典に関連する文章を読むことによって，我が国の伝統と文化に対する理解を深め，生涯にわたって古典に親しむ態度を育てる。

評価の観点	関心・意欲・態度	話す・聞く能力	書く能力	読む能力	知識・理解
観点の趣旨	国語で伝えあう力を進んで高めようとともに，言語文化に対する関心を深め，国語の向上を図ろうとしている。	目的や場に応じて効果的に話し，言語文化に親しみ的確に聞き取って，自分の考えをまとめ，深めている。	相手や目的，意図に応じた適切な表現で文章を書き，自分の考えをまとめ，深めている。	文章を的確に読み取ったり，目的に応じて読み，自分の考えを深め，発展させている。	伝統的な言語文化及び言葉の特徴やきまり，漢字などについて理解し，知識を身につけている。
評価の材料	授業態度 課題レポート	授業態度 課題レポート 定期考査	授業態度 課題レポート 定期考査	授業態度 課題レポート 定期考査	授業態度 課題レポート 定期考査 小テスト

				1 学期				

月	学習項目	学習内容や学習活動	評価の観点 関 話 書 読	主な評価規準	予定時数	実施時数
4・5	歌物語『伊勢物語』「初冠」「通い路の関守」「東下り」	・歌物語の代表である伊勢物語について，国語総合での学びを深め，詩歌の参考進として価値を作品で実感する。	◎　　　○	・和歌の修辞法の理解を深め，内容が集約されていることを考察できたか。	10	
		・和歌と散文の相乗効果による物語文の様式を理解する。	◎○	・平安時代の恋愛について理解を深め，心情を読み味わうことができたか。	11	
		・長編物語の構成や展開を把握し，登場人物の行動や心情を読み味わう。	○	・在原業平の一代記的形態が取られていることを理解し，歌物語の理解を深められたか。		
	物語『大鏡』「三舟の才」	・歴史物語の面白さを理解し，歴史的物語を享受する意欲を養う。	◎	・道具の変遷に至る歴史的過程を味わうことができたか。		
		・敬語について理解し，口語訳に適切に用いる。	○○	・敬語を正しく文法事項を理解し，口語訳することができた。		
	中間考査	・初見・動動語の知識を確認し，解釈しにいく。	○○		1	
6	随筆『徒然草』「久しく隔てりて会いたる人の」	・随筆，時代背景などを把握し，筆者の考えや生き方を理解する。	◎	・中世の随筆の理解を深められたか。	12	
		・著名な古文の世界を味わい，古文漢文の理解を深める。	○○○	・古文常識（有職故実）への理解を深められたか，話し合った，古文を読みとることができたか。		
7	日記『更級日記』「門出」『源氏の五十余巻』	・女性の繊やかな心情を味わう	◎	・自己の回想記的な作品を通し，作者の晩年の考えを理解できたか。	4	
		・作者=主人公として，女性の，少女らしい心情を味わう。次の教材の『源氏物語』に繋げる。	○	・作者の少女時代における貴重さがいかに貴重であったかを理解できたか。	1	
	期末考査					
					合計	39

生徒の学習状況の評価方法	関心・意欲・態度，話す・聞く能力，書く能力，読む能力，知識・理解の5観点から評価規準に従い，総合的に評価する。
自己評価及び改善点等	

年間学習指導計画表（一部）

毎回の学習指導計画を作成する

　多くの先生は教育実習のときに，毎時間学習指導案をつくって授業をされていたはずです。指導案を毎回書くことは大変でも，教材観や生徒観などを書くことで授業力が上がるのを実感されたのではないでしょうか。

　指導計画で必要な項目は，主に以下の10点になります。

①実施日時　　　②対象クラス（場所）　　　③単元名及び教材名
④単元の目標　　⑤使用教材及び副教材　　　⑥生徒観及び教材観
⑦具体的な（単元の）評価規準　　⑧指導と評価の計画
⑨本時の目標　　⑩本時（1時間）の流れ

　⑩の「本時の流れ」は，「生徒の学習活動」と「教師の指導内容（指導上の留意点）」の双方が具体的にイメージできるように，流れに沿って1時間の授業を組み立てます。このとき，「本時の目標（めあて）」（どのような資質や能力を育成するのか）と「学習活動」（どのような学習活動を行うのか）と，「評価」（どのような学習状況であれば目標は達成できたとするのか）の3点が相互に関連し，そのつながりが明確になるように留意します。

　1時間の授業は，概ね①「導入」→②「展開」→③「まとめ」の三つの過程で組立てることが多いです（このとき板書計画も立てるとよいです）。

①導入での留意点（5分程度）

　前時までの振り返りをします。そして，生徒たちが興味関心をもてるような時事内容や，自分ごととして捉えられるような卑近な例を話題として考えて，生徒が本時の学習目標と流れを自覚的に把握できるように配慮します。

本時にどのような学習をするのかを確認して，見通しをもって「主体的」に学べるようにします。

②展開での留意点（40分程度）

本時の目標を達成するための学習活動を展開させる部分です。教員の説明を聴いて「知識・技能」の習得をしたり，個人・ペア・グループで「主体的・対話的で深い学び」に取り組み，学級全体でお互いの考えを交流させる過程で「思考力・判断力・表現力等」の育成につなげたりします。

常にユニバーサルデザイン化を心掛け，生徒の実態に即して，具体的に個に応じた指導を準備します。また，学校は安全が当然ですので，事故防止・保健衛生，準備・片付けも具体的に想定する必要があります。

③まとめでの留意点（5分程度）

本時を振り返り，どんな活動をして何を学べたのか，本時の目標は達成されたのか，自分自身の変容を客観的に捉えられるように（メタ認知）します。「メタ認知」とは，「認知していることを認知する」ことで，メタ認知能力をアップできれば，自身を冷静に見られるようになり，高い目標の設定や達成する力，問題解決能力などを引き上げられます。学習の成果について，観点を明記した表をプリントにして，自己評価や相互評価を言語化させて，シェアリングさせます。認め合えることで自己肯定感が高められ，大きな学びにつながります。

次時の学習内容を予告し，課題を出したりして，目標の確認→学習活動→振り返り→次の目標設定という，学習サイクルを身に付けさせられます。

現場は日々忙しいですが，簡易指導案でも書く意味はあります。教員自身も振り返りによって学ぶことで，生徒のメタ認知能力を上げられるようになっていくでしょう。

（齊藤　敦子）

カリキュラム・マネジメントへの対応

要チェック 👉
統合することによって効果を上げることができる

■ カリキュラム・マネジメントとは

カリキュラム・マネジメントとは，文部科学省によれば「『社会に開かれた教育課程』の理念の実現に向けて，学校教育に関わる様々な取組を，教育課程を中心に据えながら，組織的かつ計画的に実施し，教育活動の質の向上につなげていくこと」（https://www.mext.go.jp/a_menu/shotou/new-cs/__icsFiles/afieldfile/2020/01/28/20200128_mxt_kouhou02_02.pdf　閲覧：2023年9月23日）とされています。

さらにその側面として，以下の3点が挙げられています。

①教師が連携し，複数の教科等の連携を図りながら授業をつくる

②学校教育の効果を常に検証して改善する

③地域と連携し，よりよい学校教育を目指す

この3点をよく見てみると教員間で連携して何かをやる，あるいは教科間で連携して何かをやる，さらには地域と連携して何かをやるということで，よりよい学校教育を目指すということが①と③で述べられています。そして，さらにそれによって上がるであろう効果を不断に検証し，さらなる学校教育の改善を図る必要性を②で述べる形になっています。

つまりこれがカリキュラム・マネジメントです。そしてそれが高校教師の

仕事の中で，どのように時短と成果を両立させることにつながるのかを論じることが本稿に与えられた課題ということになります。

■ 連携して効果を上げる実践例

①教員間・教科間の連携

【事例１】

＜学びのデザイン＞

　生徒指導部からの学力向上への取組として提唱されたのが「学びのデザイン」という対話型ワークショップでした（参考：田邊　昭雄『続・移行支援としての高校教育』「第６章　学びをデザインする」，福村出版，2016）。

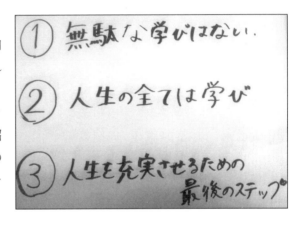

　主に教務部と各教科主導で行われていた学力向上への取組を，生徒指導部の積極的生徒指導の観点から学力向上に取り組んだ例です。具体的には，入学当初の１年生に「学びとは何か」というある意味哲学的な問いを大上段に発し，その意味を考える中で入学当初の「学ぶ意欲」を維持発展させようという試みです。

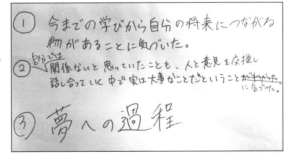

　「総合的な探究の時間」とLHRの時間を活用し，１年生所属の全教員が，ファシリテーターとして参加してグループワークを実施しました。２学期実

施のフォローアップも含めて，各2時間計4時間使って実施しました。

　前ページ事例1の2枚の写真は，そのときに「高校での学びとは」「今日のグループワークでの気づき」「今，後輩の中学生に伝えたいこと」の3点について各グループがまとめたものの一部です。最後に四人程度のグループでまとめたものを発表して，全体でシェアしました。発表されたものは，特に目新しいものではありませんが，自分たちで紡ぎ出したというところに，その後の生徒にとって大きな意味があると考えられます。

②教科と地域との連携
【事例2】

<ふれあい教育活動>

　これは，家庭科2年生での実践例です。子育てに関する授業において，2時間を確保した上で保護者と乳幼児の親子の参加を募って高校生と乳幼児が文字通りふれあう体験型授業です。普段赤ん坊を抱いたことなどないような生徒が，保護者や補助スタッフの指導の下で抱いてみたり，あやしてみたり，子育ての大変さの話を直接聞いたりすることで自分と自分の家族を振り返る体験をすることになります。下の写真は，子ども館の広報紙に掲載された事業報告の一部です。

　ここでいう地域との連携とは，子育て中の親子の参加ということだけではありません。この参加を募るという作業を，家庭科という1教科で行うとなると教員の業務量が一気に増えてしまいます。教務部全体で行ったとしても時短には到底つながりません。新たな業務が増えただけになってし

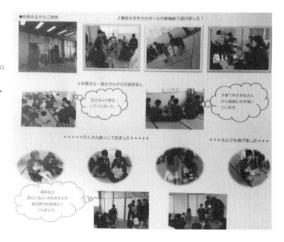

まいます。

　ところがこの実践の場合は，市の子ども館が主催する「乳幼児と高校生の
ふれあい交流事業」の一環でもありました。そのため，参加者の募集や参加
者への連絡などの事務作業並びに必要経費，当日の補助スタッフの確保等は
すべて子ども館側の業務として行われました。その結果，生徒への教育効果
に比して教員側の負担は大幅に軽減されています。

二つの事例からのまとめ

　カリキュラム・マネジメントを進めていくにあたって，特に注意する必要
のある点について，前述の2事例からまとめてみました。

①組織的・計画的に実施しましょう

　定義の中にもあるように，実施にあたっては個人プレーに頼ることなく組
織的・計画的に行いましょう。

②関係性はギブ＆テイクと心得ましょう

　双方が得るだけという関係性は成り立ちません。得るためには，少なから
ず何らかの負担は強いられます。最小の負担で，最大の効果が期待できる点
を目指して，マネジメントしましょう。

③効果的な分担・分業を模索しましょう

　今回は例示できませんでしたが，例えば他教科の授業では実験や観察など
によるデータの収集までを行い，それを使用して数学や情報の授業でデータ
処理を行うといった教科間の連携も考えられます。

（田邊　昭雄）

発問・指示のポイント

発問・指示の良し悪しが生徒の学びを左右する

　授業は教師と生徒の双方向のやりとりが基本です。教師が一方的に話すだけの授業（いわゆる Chalk & Talk）や，生徒の活動や作業だけで終わってしまう授業は，生徒の深い学びにつながりません。

　そこで大事になるのが，効果的な「発問・指示」です。発問とは，生徒に考えさせる意図的な「問いかけ」であり，指示とは，生徒に行動を促すために手順や段取りを「示すこと」です。どちらも明確でなければ生徒に伝わりません。ここで，それぞれのポイントを確認しましょう。

発問のポイント
「閉じた発問」と「開いた発問」を使い分ける

　「閉じた発問」とは，「〇」か「×」で答えられたり，答えが一つしかないような発問であり，「開いた発問」とは，答えが複数あったり，自分の考えを述べるような発問です。例を挙げてみましょう。

「この場面で主人公が取った態度はどのようなものでしたか」
「主人公はなぜそのような態度を取ったと思いますか」

　上が「閉じた発問」で，下が「開いた発問」です。知識や理解を確認するときには「閉じた発問」を，ある事象がそうなる理由や個人の考えを述べさ

せるときには「開いた発問」を用いたり，生徒の理解度や学習に対する関心度に応じてどちらかを使ったりするなど，うまく使い分けることによって生徒に達成感や充実感を与え，学習への意欲を高めることにつながります。

■ 指示のポイント
■ 指示を出す環境と内容を整える

　教師の指示を生徒に的確に伝えて行動に移させるためには，生徒がその指示を聞いて正確に理解し行動に移すことができる環境にその場があるか，指示の内容は適切かを直前に確認することが大切です。

・生徒が指示を聞く体勢（態度）になっているか。
・指示の内容を行動に移せるか（ペアやグループがきちんとつくれるかなど）。
・全体に出す指示と個別に出す指示を区別できているか。

　その上で，順序立てて適切な声量で指示を出し，生徒が活動している間も，教師の指示が伝わっているかを確認することが必要です。

　併せて，「発問・指示」と同様に生徒に的確に伝えなくてはいけないものが「説明」です。まとまった内容を理解させるためには説明が不可欠であり，発問や指示を出す際にも説明が必要になることがあります。

　「発問・指示」や「説明」の基本は，その意図を明確にして，あらかじめ文言を具体的に考えておくことです。学習の幅を広げたり，内容理解をより深化さたりするために，あらかじめ用意していない「発問・指示」，「説明」が必要になるときもありますが，その対応力は授業の準備を十分に行うことで補われます。そのためにも，授業で実際に行った「発問・指示」，「説明」について，その都度，生徒の反応などを参考に振り返り，より適切な「発問・指示」，「説明」となるように心掛けましょう。

（深山　和利）

発問・指示の具体例

要チェック 👆
練られた発問は授業への意欲を高めて学習を促進する

授業のねらいに合った発問を準備する

　発問は１時間の授業の流れを左右し，教師と生徒との信頼関係にもつながる大切なものです（「授業準備の方法（p.42）」「教材研究の仕方（p.46）」でも書いた通りです）。発問は生徒の思考力・判断力・表現力等を育成する足場となるもので，指示は行動に働きかけます。

　本時のねらいに即して，「何に気づかせ，何を考えさせるのか」「その問い自体が明瞭か」等を熟考し，その発問に対し，生徒はどのような回答を出すか予想を立てて検討するとよいです。主発問と補助発問を計画しますが，次々に補助発問をしていくと，何がねらいなのかがわからなくなる可能性がありますので，ブレないように気をつけます。

学級の実態や時期に応じた発問であるかに留意する

　生徒の発達段階や学級の実態に合った発問でなければ，期待した授業展開になりません。事前に生徒の興味・関心や考え方の傾向を把握し，既習事項や内容を確認し，発問を構想することが大事です。

　導入場面では生徒が「自分ごと」として学べるよう，問題点に気づかせ，

学習課題を明確にする発問が必要です。例えば，『更級日記』の導入では，「帰京のため上総国府を出発したのが1020年なので，今年2020年は千年の節目ですね」と話題を提起し，学校のある下総国府，校外学習で行く市原にも触れます。そして「みんなは欲しいものがあるとき，どうする？」と問い掛けてから，周囲と話し合わせます。クラスメートの新たな発見ができるとともに，菅原孝標女が『源氏物語』を読みたいという願いを叶えるために薬師如来像をつくったアクティブさに，生徒たちは驚いて尊敬の念さえ抱くようです。次の『源氏物語』への学習のモチベーションも高めることができます。

■ 生徒のつぶやきと机間指導を大切にする

発問後は机間指導をして支援をしながら，生徒のつぶやきを大切にし，「どうしてそう思ったのか？」「それはどういうことなのか？」などと問い返し，「○○さんはどうしてそう考えたと思う？　説明してもらえる？」などと，一人の発言を全体に広げて展開していきます。このようにすると，一部の生徒ばかりが発言する等の偏りも軽減され，一人ひとりが授業に参加している実感を得られるようになります。

事前に考えておく主発問と，このように臨機応変に生徒の発言に対応して深め，共有する補助発問を工夫することで授業が生きていきます。場に応じた補助発問の引き出しの数を増やしていきたいものです。

■ 自分で気付いたことは教わるよりも記憶に残る

発問や指示の助詞の一つで生徒の反応が変わる場合もあります。発問して一人で思考を深める沈黙の時間，自分と友達の意見の違いに気付き話し合って比較検討する過程で，考えを広めることができます。正解のない発問，「本当にそうなのか？」等の問い返しができるいい関係性を築き，「深い学び」ができるようにすることが求められています。

（齊藤　敦子）

板書のポイント

板書は授業の縮図と理解する

　授業において板書は，生徒が学習している内容を視覚的に捉え，同時に発生する思考を活発にし，それをノート等に写し授業後に復習することによって学習内容の定着につながる，とても大事なものです。

　板書は，ただ書けばいいというものではありません。板書の難しさは，教育実習等でも感じたのではないでしょうか。上段でも述べたとおり，板書の意義をよく理解し，より効果的な板書を目指しましょう。

■ 板書計画を立てる

　授業のプランを作成する際に，併せて「板書計画」を立てます。板書は授業の流れを示すものでもあるので，展開を考える前に板書計画を立てると授業のプランもつくりやすくなります。

　その際，大事なのは，その授業の目標とまとめを先に定めることです。目標を達成するために生徒に何を考えさせ，どのような活動をさせ，まとめへとつなげるかを考えることによって，授業の流れ（展開）が決まってきます。そして，板書計画をノートやタブレット等にまとめ，授業に持参します。計画通りに板書できるときもあれば，できないときもあります。その振り返りにも，あらかじめ立てた板書計画は大いに役立ちます。

■ 書きすぎない

　若手の教師によく見られるのが，教科書の本文や「発問・指示」，「説明」をそのまま文章で板書する場面です。その上，教師が板書している時間が長く，その間，生徒は何もしていない状態ということがよくあります。

　ワークシートや視聴覚教材をうまく活用し，板書での説明等は要点を中心とした必要最小限にとどめる工夫が必要です。そのためにも事前の板書計画は不可欠です。

■ 消さない

　板書は，授業の流れ（展開）を示すものです。授業の終了時には，その授業の「目標→展開→まとめ」が一目でわかる板書になっていなければなりません。たくさんの文字情報を入れてしまうことで，余白がなくなり，時間内に何度も何度も消す作業を繰り返す場面が少なくありません。板書は消さないことを基本としてください。

　逆に，黒板やホワイトボードの空いているところに，まるで思いつきであるかのように書き足す場面もよく見ます。全く関連性のない語句や数字が上下・左右に並んでいて，生徒もどのようにノートに写したらいいか，悩んでしまうことでしょう。

　板書は授業全体の縮図です。前のページで述べたように，何より事前に計画を立てることが大事です。最近では，ICT機器を使って板書を完成させてから授業に臨む先生もたくさんいます。ぜひ，先輩の先生方の板書を参考にしてください。

（深山　和利）

板書の具体例

■ 板書のルールを生徒と共有しておく

　黒板，ホワイトボード，PowerPoint，電子黒板等の ICT 機器を利用する場合があり，どれにもメリットとデメリットがあります。しかし，どれであっても，生徒にわかりやすい板書を心掛けることには変わりありません。

　1 時間の板書計画を決め，授業計画を練り，書き方のルールと流れを生徒に約束事として伝え，ノートの取り方も指導するとよいです。

①文字の大きさや場所に留意する

　後ろの席からでも見える大きさで書くよう（漢字は大き目，仮名は少し小さ目）にし，端まで書くと両端の生徒が見にくいので気を付けます。「後ろの人，横の人見えますか？」等と折に触れ，確認するとよいです。

②色使いに気をつける

　色盲の生徒もいるため，ユニバーサルデザインに配慮し，白色をベースに，大事なところは黄色で書き，波線や囲み等の強調で朱色のチョークを使用すると授業の最初に伝えます（赤は見えにくいため）。カラーユニバーサルデザイン認証「ダストレス eye チョーク」を使用する方法もあります。

③ノートに書く時間をある程度取る

　聴く時間，考える時間，書く時間のメリハリをもたせ，大切な話はメモを取らせます。また，板書する教師の影ですぐにノートに書けない生徒にも気をつけます。

④ノート点検で確認して評価する

　ノート点検は生徒理解を深め，教師自身の振り返りにもなります。板書のルールを理解しているか，予習で授業の理解を深めているか（誤解していないか），メモをしっかり取れ（理解し）ているか，復習（自主学習）をしているか等を確認し，間違いがあれば一人ひとりに訂正・コメントして，頑張っている場合はほめて強化して，全体に対してもアドバイスします。教師自身の板書や発問等の改善につなげられます。

■ 書き過ぎず流れがわかるように工夫する

　授業の最後に板書を見て，生徒と板書を活用して本時のめあて（ポイント）を振り返って，知識の定着を図ります。書き過ぎは生徒の負担になるので，可能な限り１面分で書けるように努力しましょう。

　国語の場合は，黒板の右から左に向かって授業の一貫した流れがわかるよう構造化して書きます。確認したい地図・参考画像・関係図などは黒板の左端に貼って随時活用して，左にわかりにくい漢字を大きく書いてメモさせたり，考えさせたい発問は左寄りに書き，話し合いのまとめを書いたりして，生徒の活動を確認できるようにします。

　他の教科は横書きで，黒板を２か３分割して切れ目がわかるように書くこと（中心線を引くなど）が多いです。

（齊藤　敦子）

主体的・対話的で深い学びへの
授業改善を意識した授業づくり

要チェック 👆
授業改善は三つの視点を意識する

　まずは「主体的・対話的で深い学びへの授業改善」とはどのようなものか考えてみましょう。高等学校学習指導要領解説総則編では中央教育審議会答申を引用し，次の三つの視点に立った授業改善を行うことが示されています。

---

① 　学ぶことに興味や関心を持ち，自己のキャリア形成の方向性と関連
　　付けながら，見通しをもって粘り強く取り組み，自己の学習活動を振
　　り返って次につなげる「主体的な学び」が実現できているかという視
　　点。
② 　子供同士の協働，教職員や地域の人との対話，先哲の考え方を手掛
　　かりに考えること等を通じ，自己の考えを広げ深める「対話的な学
　　び」が実現できているかという視点。
③ 　習得・活用・探究という学びの過程の中で，各教科等の特質に応じ
　　た「見方・考え方」を働かせながら，知識を相互に関連付けてより深
　　く理解したり，情報を精査して考えを形成したり，問題を見いだして
　　解決策を考えたり，思いや考えを基に創造したりすることに向かう
　　「深い学び」が実現できているかという視点。

　三つの視点を具体的に表してみると，以下のようになります。
①主体的な学び：生徒自らが課題を設定し，その課題解決に仮説を立て，

自らがもつ知識や経験を生かし，研究等を進めようとすること。

②対話的な学び：生徒同士の意見交換や経験豊富な人たちとの対話，事例
　の検証等を通して，自らの考えを再構築しようとすること。

③深い学び：一つの事象を複数の教科等で横断的に捉え，あらゆる角度か
　ら観察や考察をすることで，より深化した解決策を見つけ出し，それ
　を表現する（お互いに伝え合う）ことで理解を深めようとすること。

　では，三つの視点をどのように授業に落とし込み，授業改善につなげてい
くのか，考えてみましょう。

　まずは，各単元，各授業の目標を明確にします。この単元，この授業で，
生徒に何を理解させ，何をできるようにさせるのか，そのためにはどのよう
な活動・思考をさせるのかをもって授業の展開を考え，使用するワークシー
トを作成し，授業に臨みましょう。

　通常の授業では教科書を使用することが前提にあるので，「①主体的な学
び」を実践するために，生徒自らが課題を設定することは難しいでしょう。
そのため，教科書の題材を使って，いかに生徒に興味・関心をもたせるかに
主眼をおいて，各授業内の展開にテーマの設定が必要となります。例えば，
「なぜ主人公はこの場面で○○と言ったのか」「この史実が起こった背景は
何か」などのテーマを設定します。

　そして，個人，ペア，グループ等で，これまで学んだ知識や経験を生かし
て，答えを導き出すであろう仮説（考え）を出させます。

　ここで，「②対話的な学び」を実践します。立てた仮説を他のペアやグル
ープと共有し，意見交換を進めることで，最初の仮説（考え）を再構築する
ことになります。

　さらに，他教科で学習した事項との関連性を見い出し，別の角度から考察
することで，「③深い学び」につなげます。自分たちで見つけ出した解決策
（答え）を表現（発表）することで理解が深まり，知識・技能が定着してい
きます。生徒の解決策（答え）が目標に向かうように導くことも，教師の大
事な役目です。

　　　　　　　　　　　　　　　　　　　　　　　　　（深山　和利）

主体的・対話的で深い学びへの 授業改善を意識した授業の具体例

生徒たちの頭の中が「アクティブ」に働いているか考える

　文部科学省は,「『主体的・対話的で深い学び』の視点に立った授業改善を行うことで,学校教育における質の高い学びを実現し,学習内容を深く理解して,資質・能力を身に付け,生涯にわたって能動的(アクティブ)に学び続けられるようにすること」が重要だとしています。話し合いをするだけでなく,正しいと思っている答えに「ゆさぶり発問」をして考えさせ,自分の考えを見直させたりします。

俳句（句会）や川柳づくりを活用する（例）

　アクティブ・ラーニング的活動は時間もかかり,基礎知識の学習は大事なので,必要なところで「息継ぎ」的に活動を入れていくのも効果的です。
　例えば,「俳句の鑑賞をしてから,俳句づくりをして,誰がつくったかわからぬような俳号を付け,句会をします。句会は皆でつくり上げるライブのようなものなので真剣に協力して欲しいです」と見通しをもたせます。
　俳句の学習を意欲的にし,句づくりに入ると「俳人ってスゴい！　つくる

のムズい！」等つぶやきつつ粘り強く作句します。句会を１時間で終えるため，生徒の俳句を１枚のプリントにまとめて配布します。

句会プリント（一部）

　句会は「コの字型」の座席にし，端から一人三句ずつ心を込めて音読させ，自分の句は選ばないルールで一人三句「推し」の句に○，特選句一つに◎を付けさせ，選評を約５分で書いてもらいます。この作業中，悩み抜いて選んで書いてくれます。

　そして，逆の端から一人一句ずつ自分の特選句の「俳号と俳句」を音読していき，皆はどの句に何票入るかを正の字で記入していきます。ドキドキしつつ静粛に披講を終え，誰の句かを発表させていくとワッと沸きます。自分の選んだ人のところへ行って，自分の選評を伝えます。複数選ばれた人は全員の選評の中から，特に嬉しかった選評を一つ選び全体で発表し，互いに感謝を伝え合い，最後に各自で振り返りを書いてもらいます。自他のよさを再発見し，普段は話さない者同士が談笑する姿が授業後も見られ，「楽しかった」「またやりたい」「次こそは！」等の感想が多く，今後につながります。句会を通じ，俳句が万人に平等な文芸で世間的肩書きや俳句歴の長短も不問だと実感できるようです。俳句はどの科目でも取り組め，生涯学び続ける契機にもなると思います。

（齊藤　敦子）

1人1台端末の活用

■ 1人1台端末を持たせる意味とメリット

　そもそも1人1台端末（以下，タブレット）を持たせ，学校で活用することになったのは，Society5.0の実現に向けた動きになります。実際，高校ではタブレットのメリットを上手く活かし，様々に授業で使われています。タブレットの最大のメリットは，持ち運びが容易である点です。昭和，平成の時代は机の上で一生懸命筆記具を握り，先生の板書を見て話を聞いて問題集の問題を解くという教育が当たり前でした。しかし，タブレットがあれば，机上というエリアを越え，地域に飛び出して学びを得ることができます。気になるものを映像や静止画で記録に残し，得た情報を整理することで授業でも活用できる教材を自作することもできます。さらには，授業の板書やスライドと併用すれば，学習効果の向上に期待できます。なお，スマートフォンでも代用可能ですが，タブレットをあえて使用させることに意味があります。

　社会人にとって公私を分けることは大切なことです。そして，生徒に，ゲームアプリや趣味のデータはスマートフォンに，学校で使用するアプリやデータはタブレットに入れることを意識させると，情報リテラシーの育成につながります。タブレットを持たせるとゲームばかりしてしまうのではないかという懸念も，これで解決できるはずです。なお，善悪関係なく情報がすぐ

に拡散する今の時代を生き抜くためには，情報モラルを十分に身に付けている必要があります。この力の育成には，校内専用のSNSやコミュニケーションツールが有効です。これらを利用することで，教員の管理下で情報発信・共有の経験を積ませることができます。また，合理的な配慮の観点からも学習上，生活上の困難さを主体的に生徒が改善・克服して必要な知識や態度，習慣を養うためにも活用できます。ただし，これらは教員側でしっかりと管理をし，継続的な指導が必要であることは心に留めておきましょう。

1人1台端末のデメリットと活用の意義

　デメリットの例を2つ挙げます。まずは自治体ごとの格差です。すべての高校に，校内全体に行き渡るような高速インターネット回線を敷いたり，補助金を用意したりといった，事業に積極的な自治体がある一方，コストを重視ししすぎた結果，低パフォーマンスのAPやネットワークを設置してしまい，実際に生徒たちが使ってみると遅延や断線といったトラブルが多発してしまったという自治体もありました。これでは，学力やICT活用能力の格差が広がってしまいます。次に，タブレット端末に対する誤解です。実は，タブレットならば何でも良い訳ではありません。『GIGAスクール構想の実現　標準仕様書』（文部科学省，2020）に載っているように，"最低要件（メモリ4GB以上，バッテリ8時間以上など）"を満たしていなくては，動作が重く，教育活動に影響が出ます。ただし，高スペックの端末はそれなりのコストがかかる上，高ければ高いほど良いというものでもありません。この事実を知った上で，生徒たちにどのような端末を推奨し，金銭的に余裕のない家庭に対してはどう対応するのかを考えなくてはなりません。

　とはいえ，タブレットの導入は始まったばかりです。上記以外にもデメリットとメリットはあります。そのため，活用方法を開拓し，メリットを見出すには，大学や企業主催の研修への参加による自己研鑽と教材研究が何よりも大切になってきます。生徒に何を身に付けて欲しいのか，どのような使用

が教育に有効か今一度考え，学校全体で足並みを揃えて取り組んでいきたいものです。

1人1台端末利用のヒント

　ここからはタブレットで利用できる機能別に，学校や授業で使えるヒントを紹介します。スライド資料を使った普段の授業に，以下に示す要素を検討してみてください。なお，具体的なサービスやソフトウェアは，機能や金額，メリット・デメリットが様々にあります。各学校の実情に応じて導入を検討してください。

①カメラの活用

　写真や動画を撮ることができます。タブレットを用いることで，文字や手書き文書と一つのデータにできるので，新聞やポスターの作成，スライドやオンラインホワイトボード等で発表させることができます。

②クラウドストレージの活用

　データをインターネット経由で保存することができます。つまり，教員が作成したプリントやスライド資料をアップロードしておけば，プリントを紙で印刷することなく，生徒へ配付することができます。

　また配付データは，タブレットで直接編集できるのも大きなポイントです。外付けキーボードがあれば，手書きが厳しい生徒も記録を取ることができ，マイクがあれば音声入力もできます。加えて，紙のノートを提出させ，番号順に並び替え，それを一枚一枚めくって添削するという地道な作業も，データで提出させれば，すぐに処理できます。ただし，個人情報の取り扱いに関しては注意が必要です。

③持ち運びができる点の活用

　まずは電子教科書としての活用があります。書店の梱包から配達，学校での開封・配付という手間が省け，生徒も重い荷物を持って登下校することがなくなり，卒業後の教科書の破棄も気にせずに済みます。

　次に電子辞書としての活用です。一般的な電子辞書と違い，アップデートが即時可能であり，画面も大きいため，紙の辞書と同様に調べたい項目以外の部分も視界に入り，語彙力の向上につながります。そのまま電子上でチェックすることもできれば，消すこともできるので，電子辞書と紙の辞書の良いとこ取りが実現します。

　そして，通学途中や学校外での学習活動です。動画や小テストの課題を出題できるサービスやアプリケーションがあります。これは，生徒が主体的に深く学ぶための手段としてかなり有効です。教員側も，生徒たちの取組状況がリアルタイムで確認でき，点数はもちろん，学習時間等も分析できるので，様々な指導に役立てることができます。また，複数教科の課題が一つの端末でできるので，複数の問題集を持ち歩く手間もなくなります。

１人１台端末利用を教員の業務の効率化と捉える

　ここまでは，どちらかというと生徒にとってのメリットを中心に考えてきました。しかし，現場に任されてしまったタブレットの活用については，ほとんどの学校が頭を悩ませている状況です。それは，どのように活用したら生徒にとって良いものになるか，という教員の本質にも大きく影響されます。教員自身がタブレットを利用して，業務の効率化を目指しましょう。データ化で印刷の手間が省けペーパーレス化でき，配付や回収，チェックも時間短縮できます。授業のアイデアも，学校外で思いついたときにすぐ記録に残せます。その際，長時間モニター類を見ているとVDT症候群になる可能性もあるので，目の健康には十分配慮しましょう。

（和田　崇弘）

定期テストづくり

適切な定期テスト

　学習を評価する上で最も大きなウエイトを占めるのが定期テストです。授業内で行う単元テストや小テストと違って，特別な時間割が組まれ，テストの約1週間前から部活動も停止になります。生徒はもちろん，保護者の関心も非常に高く，客観性や公平性が求められる適切なテストを作成しないと，トラブルに発展することもあります。では，適切な定期テストとはどのようなものでしょうか。

　①テスト時間内に解答が終わり，見直す時間が少しでも取れる問題量

　②平均点が60点前後の難易度

　③設問の指示が明瞭で，誤答を生じさせない問題設定

　④設問に即した解答用紙

　⑤生徒に疑義を与えない，明解な採点基準

　それぞれについて少し補足をします。

　①は十分な準備をして定期テストに臨む生徒を対象にしています。あまりに問題量が多くて時間内に終わらなかったり，問題量が少なすぎて時間をもて余したりしているようでは，一生懸命，勉強してきた生徒に失礼です。

　②は学校によって設定する平均点が異なるかもしれませんが，多くの学校

で60点前後が平均点となっているのではないでしょうか。平均点が60点前後の難易度ということは、そのテストに「基本問題」、「応用問題」、「発展的な問題」が含まれていなければなりません。その割合は生徒の理解度の違いによって変わりますが、基礎問題（知識を問う問題）30〜50％、応用問題（既習の知識等を応用して解く問題）30〜40％、発展的な問題（初見で思考力等を問う問題）10〜30％くらいを参考にしてください。

③について、設問の指示がやたらに長く、また、主語がよくわからなくて、複数の解釈ができてしまうような問いは、生徒を混乱させるだけです。何をどのように答えるのかを、できるだけ簡潔な表現で問います。特に記述式の問題では気をつけてください。

④はごく当たり前のことですが、問いに対して解答欄が異常に狭かったり、字数制限があるのに解答欄にマス目がなかったりすると、テスト中に生徒にストレスを与えることになります。

⑤は採点する際の注意です。特に記述式の問題を採点するときは、誰もが納得できる基準で採点しなければなりません。部分点がある問題は特に注意が必要です。生徒は答案を友達と見せ合うことがあります。友達の解答が○なのに、なぜ自分の解答は△なのか、と聞きに来ることはよくあります。その際、明解な説明が求められます。

ここで、②の説明を補足します。基礎問題（知識を問う問題）とは、テスト範囲の単元で学習し、必ず知識として定着させたい用語や事象・事項を答えさせる問題です。しっかり準備をしておけば解答できる問題が多くなりますが、出題方法や形式に注意が必要です。教科書の文章をそのまま載せ、解答させたい用語や事象・事項等を空欄にして答えさせる、というのはよくありません。生徒が授業を大切にしなくなるからです。前時の復習のために授業中に行う小テストではそれもありかもしれませんが、出題方法や形式にひねりを加えることで、定期テストの意味が生まれてきます。

応用問題（既習の知識等を応用して解く問題）は、文字通りの問題ですが、生徒は授業でその応用の仕方を学んでおく必要があります。基礎的な知

識を学んでいるから，テストでいきなり応用問題として出題しても大丈夫だろうというのは，飛躍しすぎです。授業で応用の仕方を生徒に発見させた上で，その発見を活用して解答できる問題を定期テストで出題してください。

　発展的な問題（初見で思考力等を問う問題）は教師の授業力を問う問題であると認識してください。これこそ，生徒の真の学力を測る問題です。授業で学んだことを発展的に活用・応用して解く力こそ，生徒に身に付けさせたい「生きる力」と言えるのではないでしょうか。ただし，ここでも注意が必要です。生徒の正答率が限りなくゼロに近い結果となってしまっては良問とは言えません。しっかり授業を聞いて，復習している生徒にこそ解ける問題を作成してください。そのためにも，多くの問題集を教員自らが解いてみることをおすすめします。

■ 定期テストづくりの手順・留意点

　では，実際の定期テストづくりの時期や手順，留意点を確認しましょう。

　まず一つ，確認ですが，定期テストづくりは所属する高校の特性や生徒の実態，担当する教科・科目によってつくり方が異なります。3学期制の学校は定期テストが年5回，2学期制（前期・後期）の学校では年4回（学校によっては年5回）あります。実技科目や1単位の科目（保健など）は中間テストを実施しない場合もあります。また，学年で共通のテストを実施する教科・科目や，授業担当者ごとに異なるテストを実施する教科・科目もあります。前者は学年担当者が輪番で作成し，協議を経てテストを完成させますが，後者は毎回担当者一人で作成します。

　定期テストづくりには特に決まった時期や手順というものがあるわけではありませんが，定期テストの2週間前から作成を開始し，1週間前には完成するとよいでしょう。学年共通のテスト問題を輪番で作成し，担当者による協議が必要な場合は，なるべく1週間前には完成すると安心です。協議によって問題を変更することも多々ありますので，そのくらいの余裕は必要にな

ります。

　手順としては，まず，問題用紙を作成し，続いて，解答用紙＋模範解答を作成します。現在は教科書会社が提供する「テストメーカー」（穴埋めテストの作成ツール）があります。使えるモバイルアプリケーションは積極的に利用してください。

　解答用紙ができあがったところで，自分で解答することも大事な手順の一つです。これによって，設問の指示が適切かどうか，設問に即した解答用紙になっているか等をチェックします。最後に模範解答を作成し，（場合によっては協議を経て）完成となります。

　併せて，テスト問題・解答用紙の印刷やその保管方法は，必ず，その学校にルールがあるはずですから，ルールを順守してください。採点や答案用紙の保管にも十分に注意してください。また，初めて定期テストを作成するときは，ぜひ，先輩の先生方が作成したテスト問題を見て参考にしてください。

　これからの定期テストづくりで大切な点を一つ確認しましょう。

　現在，高等学校の学習評価に「観点別学習状況の評価」が導入されています。中学校では当たり前の評価方法だったのですが，高等学校でも令和４年度入学生から導入され，苦労している先生も多いと聞きます。

　その観点は，「知識・技能」，「思考・判断・表現」，「主体的に学習に取り組む態度」の３観点です。このそれぞれの評価方法については別の項目で触れますが，定期テストの作成時に，これらの観点を意識した問題づくりが不可欠となります。実際は，「主体的に学習に取り組む態度」は定期テストでは評価できないので，前の２観点になりますが，この問題は「知識・技能」を問う問題，この問題は「思考・判断・表現」する力を問う問題，というようにテスト問題上に記すことで，生徒にも評価方法が明らかになり，教師がそれぞれの観点を数値化する上でも大いに役に立ちます。

（深山　和利）

学習評価・授業評価

学習評価

　学習評価とは，学校での教育活動に関し，生徒の学習状況を評価するもので，生徒の学習改善と教師の指導改善を目的としています。一方，授業評価とは，授業の質の向上により，生徒にとって「魅力的な授業」，「わかる授業」を実現することを目的として，多様な観点から授業を評価するものです。

　では，それぞれの特徴や留意点等を確認しましょう。

　高等学校での学習は，これまで，定期テストや平常点（小テストの結果や提出物の有無等を点数化したもの）のみで評価されることが多かったのですが，テストの結果を中心として評定（5・4・3・2・1）が決まることは，前に示した観点の「知識・技能」の評価が主となり，学習活動全体の評価が成されていないことになります。

　そこで，実際の教師による学習指導（生徒による学習活動）と評価が一致（指導と評価の一体化）するよう，令和4年度から新学習指導要領の実施とともに，観点別学習状況の評価が制度として導入され，生徒指導要録や通知表にその評価を記載することとなりました。

　次に，具体的に三つの観点による学習評価をみていきましょう。

ア 「知識・技能」の評価

　各教科の学習で身に付いた具体的な知識と技能を評価します。具体的な方法としては定期テストなどのペーパーテストによる評価が主となりますが，事実的な知識の習得に限らず，知識の概念的な理解ができているか等を，文章による説明をさせたり，知識・技能を実際に用いる場面を設けたりするなど，様々な方法を取り入れて評価することが求められます。

イ 「思考・判断・表現」の評価

　各教科の学習で身に付いた知識や技能を使って，実際に問題や課題を解決するための思考力，判断力，そしてそれらを表現する力が身に付いているかを評価します。ペーパーテストだけでは測定することが難しいので，論述やレポートの作成，グループワークや発表，作品制作や表現活動などの多様な活動と，それらのポートフォリオ等を活用して評価することが必要となります。

ウ 「主体的に学習に取り組む態度」の評価

　「知識・技能」を獲得したり，「思考力・判断力・表現力等」を身に付けたりするため，自らの学習状況をどのように調整し，どれだけ粘り強く学ぼうとしたかという主体的な態度を評価します。具体的な評価方法としては，ノートやレポート等における記述，授業中の発言や教師による行動観察，生徒の自己評価や相互評価等の状況を材料に評価することが考えられます。できるだけ客観的に評価できるよう，事前に学習者に評価基準を示すルーブリックの活用や，教師間の整合性を担保するための協議等，他の観点別評価以上に注意が必要になってくるでしょう。

　次に，これらの観点別評価をどのように評定に落とし込んでいくかを確認していきましょう。まず教科ごとに三つの観点をＡ・Ｂ・Ｃの3段階で評価します。続いて，それらをもとに5〜1の評定にします。

知識・技能	思考・判断・表現	主体的に学習に取り組む態度	評定
A	A	A	5
B	B	B	3
C	C	C	1

　この評価基準（A・B・C）と評定基準（5〜1）は，実施する学校が決めてよいことになっていますが，3観点の評価と評定との基本的な関係はおおよそ表のようになるでしょう。

　ここで注意が必要です。評定の4は「A・A・B」，評定の2は「B・C・C」の組み合わせが多いと思いますが，各評価が「A・B・B」となっていた場合に4と3のいずれにするか，「B・B・C」となっていた場合に3と2のいずれにするかといった裁量は，学校ごと，教科ごとに変わってきます。ここで重要なのは評価・評定の基準が客観的かつ公正なものでなければならないということです。まずは自校の評価・評定の基準を確認しておきましょう。

　先に述べたように，学習評価は生徒の学習改善と教師の指導改善につながるものでなければなりません。生徒の学習改善につながるような指導・助言を適切な時期に行うこと，生徒の学習状況の評価を分析し，教員の指導改善を間断なく行うことを常に意識しておきましょう。

■ 授業評価

　授業は，授業者（教師）と学習者（生徒）との相互のやりとりによって成り立っています。そのため，生徒が授業にどのような感想をもったのかを把握し，生徒にとって「魅力的な授業」，「わかる授業」になっていたかどうかを検証することが不可欠となります。さらに多様な観点から授業を検証するためには，生徒ばかりでなく，保護者，他の教師等，学校関係者などが授業を評価する機会を取り入れることが重要です。

　では，授業評価のやり方や留意点について見てみましょう。

①授業者（教師）による授業評価（自己評価）

　授業者自らが，授業の目標が達成できたか，できなかったら何がいけなかったのかをその日のうちに顧みる評価です。今日の授業の展開方法や自分の発問に対する生徒の反応，板書のやり方，声の大きさや熱意など，評価項目をチェックリストにして毎日検証することを，若手の頃には特に習慣にしたいものです。毎回，授業の最後に生徒に感想を書いてもらうというやり方もあるでしょう。いいコメントをもらうと励みにもなります。

②生徒による授業評価アンケート

　特定の教師の特定の科目について，ピンポイントで行うものと，教師全体の印象（学校評価アンケートの学習面）として行う２種類があります。特に前者が授業改善には有効で，授業内容の難易度，授業の進度，声の大きさや言葉遣いまで細かく指摘され，自分では気がつかないことも多数あり，大いに役立ちます。大切なのは，どちらも回答者へフィードバックをすることです。改善点を示すことで生徒の学習意欲が高まります。また，授業評価アンケートは，生徒自身の授業への取組を自己評価することにもつながります。後者は年に１回，多くても２回程度で実施されますが，前者はできれば各学期末に実施して授業改善に努めたいものです。

③研究授業や公開授業における授業評価

　初任者研修や経験者研修で研究授業の実施が義務づけられている自治体等も多いと思いますが，その意義はとても深いです。同僚教員のほか，他の学校の教員や教育委員会の指導主事等を含めた研究授業・研究協議を実施し，授業についての意見交換を行ったり，指導・助言を受けたりすることは，自らの授業を客観的に評価するとともに，授業の課題や改善方策などを多くの教員で共有することができます。また，保護者や地域の方々などに授業を公開することで，学習集団に対する評価や教育資源に関する評価などを含め，より多くの視点から授業評価を受けることができます。

（深山　和利）

通知表

要チェック 👆✨
通知表の存在意義を考える

　通知表と聞くと，どのようなイメージを思い浮かべますか。学期末，学年末に配付されるもので，成績等が記載された二つ折りの文書などでしょうか。

　実は，通知表は公的な文書ではなく，発行するかどうかも含めて，その様式等は各学校の裁量によります。実際，文部科学省が示す通知表の位置づけも，「児童生徒の学習状況について保護者に対して伝えるもの。法令上の規定や，様式に関して国として例示したものはない」となっています。

　実際，通知表は主に学習評価を伝えるものとして，コンピュータが打ち出す成績と出欠状況のみが記載された文書を，学期末や学年末に保護者宛に配付する学校が増えているようです。

　その記載内容は令和3年までは以下のようなものでした。

・生徒の氏名，学級，出席番号
・校長，担任の氏名及び印
・各教科の成績（学期末）及び評定（学年末）
・特別活動の記録（HRの係，所属する委員会・部活動等）
・出欠等の記録（授業日数，出席日数，欠席・遅刻・早退数）
・担任の所見

　しかし，令和4年度から「観点別学習状況の評価」が導入され，通知表の存在意義は高まりました。生徒の学習評価を通知表に記載して配付する以上，その評価には説明責任が生じます。生徒の成績をいい加減に評価することは

あってはなりませんが，生徒の将来を左右する成績を生徒本人と保護者に通知する意味をしっかりと認識し，特に，各教科担当者は責任をもって学習評価をすることが求められます。

　通知表は各学校によって書式が異なります。通知表がない，もしくは，通知表に所見がない学校もあるかもしれませんが，生徒の学習や様々な教育活動の成果を生徒本人や保護者に伝えることは，担任または教科担当者としての義務です。各学校の実情を鑑みながら，通知表の有無にかかわらず，何をどのように伝えるかをしっかり考え，実践してください。

　では，実際に通知表の所見を書いたり，教育活動の成果等を文書や口頭で伝えたりするために必要なことは何でしょうか。それは「情報収集」です。日頃から生徒を観察し，それを，できるだけ記憶が鮮明なうちに，ノートやPC に記録しておくことが大切です。その際，日記のように日付順に記録するのではなく，担任する生徒一人ひとりにページやシートを作成しておき，その上で日付や時間とともに，生徒の行動や発言等に自分の所感を添えて記録しておきます。自分が思ったこと，感じたことを添えておくことで，そのときの記憶がより鮮明によみがえり，所見等を作成する際に大きく役立ちます。

　もう一つ大切なことは，たまたま見て，気づいたことを記録するだけでは生徒の情報量に大きな差ができてしまいます。行動や発言が控えめな生徒こそ，能動的な観察が必要となります。

　「情報収集」は教師による観察だけで行うものではありません。月や学期の終わりなどに，学習や生徒のクラス内での役割（係），生活面等で項目立てした「振り返りシート」などを書かせることも有効です。また，学級日誌に書かれた生徒の感想等も参考になることがあります。

　通知表の所見のためだけではなく，生徒指導にも大いに役立つ「観察」と「記録」を習慣づけましょう。

（深山　和利）

総合的な探究の
時間にかかわる
仕事術

教師の役割

■ 生徒の主体性を重視する

高等学校学習指導要領（平成30年告示）第4章　総合的な探究の時間の目標には，以下のように記載されています。

探究の見方・考え方を働かせ，横断的・総合的な学習を行うことを通して，自己の在り方生き方を考えながら，よりよく課題を発見し解決していくための資質・能力を次のとおり育成することを目指す。

(1) 探究の過程において，課題の発見と解決に必要な知識及び技能を身に付け，課題に関わる概念を形成し，探究の意義や価値を理解するようにする。

(2) 実社会や実生活と自己との関わりから問いを見いだし，自分で課題を立て，情報を集め，整理・分析して，まとめ・表現することができるようにする。

(3) 探究に主体的・協働的に取り組むとともに，互いのよさを生かしながら，新たな価値を創造し，よりよい社会を実現しようとする態度を養う。

生徒の主体性を重視するということは，教師が生徒の学習に対して積極的にかかわらないということを意味するものではありません。生徒の主体性が発揮されている場面では，生徒が自ら変容していく姿を見守ることが大切ですが，生徒の取組が停滞している場面では，適切な指導が必要となります。生徒のもつ力が発揮されるような学習指導を行うことが大切です。

■ 探究の過程（プロセス）における支援

　探究とは，日常生活や社会で起こる問題について，その本質を探って見極めようとする学習のことです。実社会や実生活とかかわりのある学びに主体的に取り組み，異なる多様な他者との対話を通じて考えを広めたり深めたりする学びを実現していくことが大切であると考えます。

　教師はファシリテーター（生徒が積極的に意見を交わし，有益な結論にたどり着けるように導く）として，探究の過程（プロセス）における生徒に積極的に寄り添い，よりよく生徒の学習を支えるとともに，その主体性が発揮できるように，生徒の学習状況に応じて教師が適切な指導を行うことが求められています。

　総合的な探究の時間において「主体的・対話的で深い学び」の視点による授業改善を重視することは，探究の過程（プロセス）をより一層質的に高めていくことになります。「主体的な学び」は，学習に積極的に取り組むというだけでなく，学習後に自らの成果や過程を振り返ることを通して，次の学びに主体的に取り組む態度を育みます。「対話的な学び」とは，他者との協働や社会との相互作用を通じて，自らの考えを広げ深める学びです。「深い学び」については，各教科で身に付けた「知識及び技能」，「思考力，判断力，表現力等」の資質・能力が活用・発揮される学習場面を何度も生み出すことが期待されています。生徒たちが，社会の中で自分らしく生きることができる存在へと，自発的・主体的に成長し発達していく過程を「個に応じた指導」により支えることが教師の役割です。

（齋藤　諭）

課題設定へのアドバイス

課題の発見

高等学校学習指導要領（平成30年告示）第4章　総合的な探究の時間の第2　3(5)には，探究の課題について以下のように記載されています。

> 　目標を実現するにふさわしい探究課題については，地域や学校の実態，生徒の特性等に応じて，例えば，国際理解，情報，環境，福祉・健康などの現代的な諸課題に対応する横断的・総合的な課題，地域や学校の特色に応じた課題，生徒の興味・関心に基づく課題，職業や自己の進路に関する課題などを踏まえて設定すること。

　生徒が実社会と自己とのかかわりから，自ら課題意識をもち，自分の課題を設定することは大切なことです。まだ自分が何をやりたいのかはっきりしないという生徒もいると思いますが，生徒がもっているはずの「答え」を教師が引き出すようなかかわり方が大切です。教師は，生徒の学習対象とのかかわり方や出合わせ方などを工夫する必要があります。

　生徒が自分とのかかわりから問いを見出し自分で設定した課題であるからこそ，その取組は真剣なものとなります。十分な時間をかけて一人ひとりの

生徒にとって価値のある適切な課題を設定することで，その課題を解決することの意味や価値を自覚でき，学習活動の展開が具体的になります。

■ 課題の設定方法

　充実した総合的な探究の時間を実現するための課題設定方法の事例が，『今，求められる力を高める　総合的な探究の時間の展開　高等学校編』（文部科学省，2023）に示されています。

体験活動，資料の比較，シミュレーション，グラフの読み取り，ブレインストーミング，KJ法，対象へのあこがれ，問題の序列化，ウェビング

ブレインストーミング

　生徒の興味・関心が学びの原動力になります。もともと関心のある内容については，時間を忘れて没頭することもあるので，学んだ成果が表れやすくなります。自分に関係あることや自分が知る必要があることは自分ごととしてとらえるため，関心をもって学ぶことができます。

　「ブレインストーミング」の活用の例を挙げます。生徒がたてた問いが表面的で浅いものでは，学びが深まりません。複数の参加者が自由に話し合いを行い，アイデアをどんどん出していくことで，「浅い問い」を「深い問い」にできるよう働きかけます。立場によって意見が異なることを理解したり，一つの課題の背景にある別の課題などに気づいたり，生徒自身の考えとの「ずれ」や「隔たり」を感じさせたり，対象への「あこがれ」や「可能性」を感じさせたりする工夫をしなければなりません。そして，より必要な知識を調べることを促すことが重要です。

（齋藤　諭）

情報収集へのアドバイス

■ 情報収集の種類

　収集する情報は多様であり，数値化された情報（測定値等），言語化された情報（インタビュー等），主観的で感覚的な情報（体験談等），などのように収集できる情報の違いがあることを意識することが大切です。

　また，情報の収集場面では，国語や理科，社会などの各教科・科目で身に付けた知識や技能を発揮することで，より多くの確かな情報を収集することができます。『今，求められる力を高める　総合的な探究の時間の展開　高等学校編』（文部科学省，2023）には，以下のような内容が記載されています。

観察・実験，インターネット検索，図書館，電子メール，電話，手紙，
訪問インタビュー，リモートインタビュー，街頭インタビュー，
講演会・フォーラム等，アンケート調査，Web アンケート

　生徒は，学習活動として観察・実験などを行い，課題の解決のために必要な情報を収集します。その際，生徒が自覚的に情報収集を行う場合と無自覚的に行っている場合があります。課題の解決や探究活動の過程においては，生徒が自覚的に情報を収集する学習活動がとても重要です。

情報の収集方法と蓄積方法

　生徒が，体験活動の目的を明確にして，そこで獲得される課題解決のための情報の収集を自覚的に行えることが大切です。どのような情報をどのような方法で収集するのか，そしてどのようにして蓄積するのかを検討することが重要です。

　収集した情報を蓄積する際には，デジタルデータをはじめ，様々な形のデータとして蓄積することが大切です。その情報がその後の探究活動を深める大きな役割を果たします。収集した場所や相手，日時などを明示し，ポートフォリオやファイルボックス，コンピュータのフォルダなどに蓄積していきます。個別の蓄積

図書館の本棚

を基本としますが，必要に応じてグループや HR による共同の蓄積方法を用意します。

　体験活動を行ったときの感覚，そのときの気持ちなどは，時間の経過とともに薄れていき，忘れられやすいので，体験で獲得した情報を作文やカードなどで言語化して，対象として扱える形で蓄積することにも配慮が必要です。場合によっては，必要に応じて教師が意図的に資料等を提示することもよいでしょう。生徒たちは収集した多様な情報を整理・分析して，自分たちの課題を解決するために協働して思考・判断していきます。教師は，生徒が多様な情報を活用し，自分と異なる他者の視点からも考え，力を合わせ交流して学べるように支持的に働きかけます。また，協働的に学ぶことを通じて個人の学習の質を高め，同時に集団の学習の質も高めていくことができるように，発達の段階に応じて指導や援助を行っていくことが大切です。

（齋藤　諭）

整理・分析へのアドバイス

■ 情報を活用した活発な思考の場面を用意する

　生徒は収集した多様な情報を整理・分析して，思考する活動へと高めていきます。収集した情報は，それ自体はつながりのない別々なものです。それらを種類ごとに分けるなどして整理したり，細分化し因果関係を導き出したりして分析していきます。こうした活発な思考の場面を学習活動として適切に位置づけていくことが重要です。

　教師はどのような情報が，どの程度収集されているかを把握しておきます。数値化した情報と言語化した情報とでは扱い方が違ってきますので，どのような方法で情報の整理や分析を行うのかを決定します。

　数値化された情報であれば，統計的な手法でグラフにすることが考えられます。グラフといっても，棒グラフ，折れ線グラフ，度数分布表など様々な方法が考えられます。表計算ソフトを使って情報を処理したり，標本調査の考え方を利用して母集団の傾向を探ったりします。言語化された情報であれば，出来事を時間軸で並べる方法，カードにして整理する方法，調査した結果をマップなどの空間軸に整理する方法などが考えられます。

　これらの複数の情報を整理・分析するためにグループで活発な話し合いの場面を設け，情報を関連付けたり，因果関係を導き出したり，抽象化したり

します。学習対象として扱う情報の種類・分量によって，学習活動は様々なものに変わっていきます。

■「考えるための技法」の活用

『今，求められる力を高める　総合的な探究の時間の展開　高等学校編』（文部科学省，2023）の「考えるための技法」には，以下のような内容が記載されています。

順序付ける，比較する，分類する，関連付ける，多面的にみる・多角的にみる，理由付ける（原因や根拠を見付ける），見通す（結果を予想する），具体化する（個別化する，分解する），抽象化する（一般化する，統合する），構造化する

これらを用いた思考ツールを活用することで，整理・分析場面での学習活動の質を高めていくことが求められています。生徒は収集した情報を比較したり，分類したり，関連付けたりして情報の整理を行います。また，整理・分析の具体的な方法としては，以下のようなものが例示されています。

時系列化する，地図を用いる，グラフ化する，Xチャート，Yチャート統計的手法を用いる，KJ法的な手法を用いる，テキストマイニング，SWOT分析，ベン図を用いる，クラゲチャートを用いる　など

クラゲチャートを例示します。頭の部分に主張を書き，なぜそれが言えるのかという理由を文章や資料から探して足の部分に記入し，原因や根拠を見つけることができます。　　　　　　　　　　（齋藤　諭）

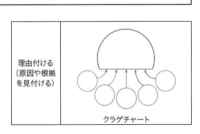

まとめ・表現へのアドバイス

■ まとめ・表現の方法

『今，求められる力を高める　総合的な探究の時間の展開　高等学校編』（文部科学省，2023）の「まとめ・表現」には，以下のような方法が記載されています。

> レポート，論文，活動報告書，プレゼンテーション，ポスターセッション，中間発表会・成果報告会，パネルディスカッション・シンポジウム，新聞，パンフレット，制作・ものづくり，イベントを企画・運営，総合表現

　情報の整理・分析を行った後，自分自身の考えとしてまとめたり，それを他者に伝えたりする学習活動を行います。「まとめ・表現」は，調査結果をレポートや論文，活動報告書としてまとめたり，写真やグラフ，図などを使ったプレゼンテーションとして表現したり，新聞やポスター形式でまとめてディスカッションしたりすることなどが考えられます。各教科科目等で獲得した表現方法を積極的に活用し，グラフや表，絵画や音楽を使い，それらを組み合わせていく総合表現なども考えられます。

学習活動により整理・分析された情報がそれぞれの生徒のこれまでの経験や知識とつながり，一人ひとりの生徒の考えが明らかになったり，課題がよりはっきりとしたものとなったり，新たな課題が生まれてきたりします。

■ 発表の練習を段階的に行う

　生徒全員が発表を得意としているわけではないので，発表の練習が大切です。はじめは難易度の低いものから体験しながら発表に慣れていくのがよいでしょう。例えば，二人一組での１分スピーチの練習から行い，徐々に「スピーチの身体技法のヒント」や「話し方のヒント」，「よい聞き手，よい質問とは」などに関して学びながら練習して発表のレベルアップを図っていきます。

　生徒は探究活動によって考えたことをわかりやすくまとめて発表することにより，周りの人から認められるという経験などをすることで，自分はもっと他のこともできるかもしれないと考えることができるようになります。「まとめ・表現」は，相手の失敗やあらを探すことではなく，お互いのうまくいった点を学び合います。教師は生徒の発表のよいところを見つけ，そこを評価していきます。

　生徒を認める気持ち，ほめる言葉の語彙力が多いほど生徒にかけてあげる言葉のレパートリーも増えていきます。アルバ・エデュ代表の竹内明日香さんの『すべての子どもに「話す力」を―１人ひとりの未来をひらく「イイタイコト」の見つけ方』（英治出版，2022）にプレゼンテーションの効果的な練習方法が書かれています。相手を意識して，目的を明確にして伝えたいことを論理的に表現することで，自分の考えは一層確かなものになっていきます。そして新たな探究の過程（プロセス）が繰り返されます。このことが学習として質的に高まっていくことであり，深まりのある探究活動を実現することにつながります。

（齋藤　　諭）

教員同士の連携へのアドバイス

それぞれの教員の特性や専門性を生かす

　生徒の様々な課題に対する意識や多様な学習活動に応えるために，グループ学習や個人研究などの多様な学習形態の工夫を積極的に図る必要があります。それぞれの教職員の特性や専門性を生かすことが総合的な探究の時間の特色を生み出し，一層の充実につながっていきます。校内のすべての教職員が協力して取り組む体制を整備することが重要です。教師が互いに知恵を出し合い，実践上の悩みや課題について気軽に相談し合ったりすることができる体制づくりが大切です。全体計画及び各学年の年間指導計画，単元計画などを作成し，全教職員が協力し合って実践していく校内推進体制を整える必要があります。校内推進委員会の構成メンバーの例を以下に挙げます。

> 副校長・教頭，教務主任，研究担当，学年主任，進路指導主事，
> 生徒会担当，総合的な探究の時間コーディネーター，
> （協議内容によって他に）養護教諭，司書教諭，学校図書館司書，情報担当

　学年や学科の枠も外して複数の教職員による指導を可能にするためには，時間割の工夫のほか，全教職員が自分の HR や学年・学科だけでなく，他の

HR や学年・学科の総合的な探究の時間の実施の様子を十分把握しておくことが大切です。

■ 教員の校内研修と校外研修

　総合的な探究の時間の趣旨や内容等についての理解を教職員全体で確かにすることに加え，実践を進める教師の必要感を生かした校内研修計画を立てることが大切です。全教師で実施する場合や学年単位や少人数で実践上の課題に応じて，弾力的・継続的に実施していくことも必要です。日頃から情報交換を盛んに行い，互いに協力し合える人間関係を築いておきましょう。

　校内研修の例としては，「指導計画作成や教材づくりのグループ演習」，「視察報告会や講師を招いての講義」などが考えられます。また，校外研修としては，「先進校の視察」や「地域における教育資源の調査」なども考えられます。これらに加え，若手教員は個人研鑽を積む必要もあります。

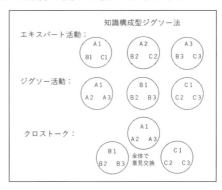

　具体的な校内研修の一つとしては，知識構成型ジグソー法（東京大学 CoREF の三宅なほみ名誉教授によって提唱された学習方法）があります。テーマや課題について，役割分担をして調べ学習を行い，自分が調べた内容を教え合います。自分の受け持ったパートを責任もって調べ（エキスパート活動），他のメンバーに説明する（ジグソー活動）ことを通じて，学習効果を高められるだけでなく，自主的に考える力や積極性，協調性も培われます。ジグソー活動でつくり上げた考えを教室全体で交流すること（クロストーク）により，一人では十分な答えが出ないような問いに対して，他者とのやり取りを通じて自分の考えを見直し，よりよくしていく学びが得られます。生徒による主体的な学習であるアクティブ・ラーニングの１メソッドとして

位置づけられています。

近隣の小・中・高等学校及び地域との連携の充実

　地域の小・中・高等学校間で「総合的な学習の時間」及び「総合的な探究の時間」の目標や内容，指導方法について関連性や発展性が確保されるよう連携を深めることが求められています。小・中学生と高校生がともに発表会や体験活動を行う場を設定したりするなどの方策が考えられます。地域の小・中・高等学校の児童・生徒とその保護者や地域住民が一堂に会した発表会ができたら素晴らしいことです。

　探究の過程の中で，まだまだ十分でないといわれる「整理・分析」と「まとめ・表現」については特に取り組んでいくことが大切です。情報の「整理・分析」を行った後，それを他者に伝えたり，自分自身の考えとしてまとめたりする学習活動を行います。

　そして，「まとめ・表現」では，相手を意識して，目的を明確にして伝えたいことを論理的に表現することで，生徒自身の考えが一層確かになっていきます。どのような体験活動を仕組み，どのような話し合いを行い，どのように考えを整理し，どのようにして表現し発信していくかなどは，まさに教師の指導性にかかる部分であり，生徒の学習を活性化させ，発展させるためには欠かせません。

　学習を展開するに当たっては，教師自身が体験していることで，期待する学習の方向性や望ましい変容の姿を想定しておくことができます。また，生徒の望ましい変容の姿を想定しておくことで，学習状況に応じた適切な指導も可能になります。教員同士の連携の対象としては，勤務校（学年，教科），他校，外部の研修団体が考えられます。他校の先生とも研修会等に参加することで，実際に実践している先生方との交流からいろいろなアイデアが得られます。

（齋藤　諭）

5章

学級経営・
生徒指導に
かかわる仕事術

高校の学級担任の役割

学級担任は身近な大人像

　高校の学級担任の仕事は，授業準備から授業，提出物チェック，保護者対応，生徒指導などがあり，その学級の１年間を責任をもって運営し，生徒一人ひとりと向き合う大切な役割もあります。社会に出れば学歴以上に人間性が重視される時代。高校生活をどのように過ごしたかが大きく影響するのは想像に難しくありません。そのような大切な時期に，学級担任は家族以外の身近で重要な大人の一人として，常に生徒から見られているという意識をもって行動することが求められます。

担任としての役割

　学級担任の役割は以下の２点にまとめることができます。

・人とのかかわり方の指導
・将来を見据える意識の育成

　「人とのかかわり方」の指導では，「お互いに尊重し合える人間関係の構築

を支援すること」が大切になります。具体的には，まず，日常会話や授業を通じて生徒の考えや個性を知り，生徒の理解者になることが重要です。これは後の「高校の学級担任としてのかかわり方」にもつながります。LHRや学校行事では，生徒同士の交流や活動を通して，「こういう考えもあるんだ」「この子はこれが得意なんだ」と互いを知り，共感できる機会にします。このとき，なかなか先に進まない場合は全体にヒントを与え，なじめない生徒がいる場合は個別にアドバイスをするといった，教師が主体とならない支援をすることが大切です。生徒たちが，自ら感じ考え行動する経験を繰り返すことによって，学年が上がるにつれて，人とどのようにかかわればいいのかが自然と理解できるようになります。

　次に「将来を見据える意識の育成」に関する指導です。進路指導のメインは進路指導部による行事や外部と連携したイベントですが，担任も保護者との面談や総合的な探究の時間，普段のコミュニケーションからかかわりたいものです。社会に出たら何をして生活をしていくのか。ずっとその生活を続けていけるのか。自身の体験や就職した友人の話，卒業生の進路選択の話をすると，多くの生徒たちは興味深く聞いてくれます。これに，課題テストや進路適性検査等についてくる自己分析結果を掛け合わせると，生徒のキャリアプランニング能力の育成につながるでしょう。ただ，忘れてはいけないのは，希望する進路を選び，叶えるのは生徒自身だということ。生徒自身が努力できるような環境づくりや励まし，必要な書類を作成することが担任の役割であり，一方的な押し付けや答えだけを教えることの無いように，注意してください。

　上記以外にも臨機応変かつ，多種多様な仕事がたくさん待っています。そのため，担任の仕事を効率よくこなすためにはチームでの行動が必須になります。特に，学級が同じ動きをする同学年の先生との横のつながりは大切で，情報共有したり，アイデアを得たりすることでお互いに高め合い，仕事の効率アップにもつながるでしょう。人とのつながりを大切にして，人から応援される，そんな素敵なクラスを創り上げてください。　　　　　　　（和田　崇弘）

高校の学級担任としてのかかわり方

■ 信頼関係の上にすべては成り立つ

　教員として指導するためには，まず初めに，生徒に信頼されなくてはなりません。信頼の薄い大人の言葉は，何を言っても効果はありません。特に担任は，生徒や保護者から見て，学校関係者で一番距離の近い存在です。以下のようなかかわり方を意識して，生徒との信頼関係を築きましょう。

①失敗を認める余裕をもつこと

　生徒は様々な経験と失敗を通じて成長します。稀に，一度や二度の失敗にもかかわらず声を荒げて指導する教員がいますが，そういう教員からは生徒が離れていきます。教員は生徒の失敗を正しく把握し，認め，次からはどうすればよいか，一緒に考えることを大切にしたいです。

②生徒の理解者になること

　前項の学級担任の役割でも記述した通り，生徒の個性を知り，話をしましょう。話を聴くときは共感と傾聴の姿勢を忘れずに。悩み事を自分から言ってくれる生徒もいますが，誰にも話せず，自分で悩みを抱え込んでしまう生徒もいます。もちろん生徒の悩みを担任だけでなく，チームで解決，緩和し

ていくことが重要なので，聴く側も一人で抱え込まないようにしましょう。

■ 担任チェックリスト

　担任としてのかかわり方，振る舞いのポイントとなる項目を以下にリスト
アップしました。担任を任された際には定期的にチェックして，信頼関係に
基づく教育的かかわりをし，生徒の成長につなげることを目指しましょう。

＜生徒理解＞
　□ 生徒の顔と名前，おおよその性格が一致している
　□ 個別の配慮が必要な生徒を理解し，学校全体で共有を図っている
　□ 生徒は失敗するものだと理解している
　□ 成果は1日や1か月で出るものでないと理解している
　□ 家庭環境や体調によって生徒も情緒不安定になることを理解している

＜コミュニケーション＞
　□ 生徒の前では言葉遣い，言葉選びを意識し，話をしている
　□ 常に共感，傾聴の姿勢を意識して話をしている
　□ 悪いところではなく，よいところを探し，ほめている
　□ 声量を意識して会話をしている（大きすぎず，小さすぎず）
　□ 注意をする際はティーチングよりもコーチングを意識する

＜振る舞い＞
　□ 負の感情をそのまま生徒の前で出していない（怒鳴る，不機嫌など）
　□ 生徒によって態度を変えていない
　□ 身だしなみはTPOを意識している

＜その他＞
　□ 教室の掲示物の位置や全体の清潔感を意識して整備を行っている
　□ 想定外の事象にはチームで対応。一人で問題を抱えていない

（和田　崇弘）

副担任としてのかかわり方

副担任の位置づけ

　副担任は昨今，非常に曖昧な位置づけにあります。高校の副担任は必要なのかという話題もちらほら見かけ，実際，2クラスに一人や学年で二人など，1クラスに一人付けない学校もあります。その状況もあり，副担任の仕事は学校の種類，校風，生徒の状況によって大きく変化します。第2の担任として，面談や電話連絡をする学校，登下校指導や総合的な探究の時間を担当する学校もあれば，担任の出張の代わりに入るだけ，という場合もあります。とはいえ，新規採用の教員であれば，余程の講師経験がない限り副担任を任せられ，担任に付いて仕事を覚えてもらうのが定石です。そこで，ここでは担任の先生を見るときのポイント，副担任としての生徒とのかかわり方についておさえておきましょう。

担任の先生を見るポイント

　担任の先生は三者三様の考えと理想をもってクラス運営にあたります。まずは，クラスをどのように指導していくのか，学級開き前に担任の先生に話を聞いてみましょう。そして入学式もしくは始業式に向けた準備を手伝いな

がら，動きを観察します。このとき，自分の判断で動くのではなく「何かお手伝いしましょうか」という形で提案をすることで，例えばこだわりが強く，あまり介入を好まない先生であっても，嫌な気持ちになることはないでしょう。自分が担任になったときに使えそうな話や所作，掲示物，学級のルールなどを記録に残しながら，副担任としての1年を過ごしましょう。

■ 副担任としての生徒とのかかわり方

　担任は自分のクラスの生徒全員の状況を把握したいのですが，授業以外に，部活動や分掌業務もあり，一人で情報を仕入れることは不可能な状態にあります（そもそもそういう体制なのが問題なのですが……）。そのため，副担任の先生がいると担任の業務負担軽減につながります。例えば，朝と帰りのHRに教室にいると，生徒の様子を見て確認することができます。観察するだけでも友人関係や性格が見て取れますし，様子が気になる生徒がいれば，話しかけてみるのもいいです。

　またHRでは，担任の連絡事項の伝達方法やコミュニケーションの取り方，雑談や提出物を出させる工夫など，生徒とのかかわり方を学ぶことができるので，参加をおすすめします。何か気づきがあれば適宜記録をして，即時，担任の先生と情報共有をしておきましょう。ただし，あくまでも副担任であることを忘れてはいけません。例えば，自分の受け持つクラスの生徒から個別に相談をしたいという申し出があれば，必ず状況を担任に報告してから，二人以上で対応しましょう。また，担任が判断しなくてはならない事項を，勝手に承諾や設定し，生徒と気軽に約束してはいけません。"ほうれんそう"（報告・連絡・相談）を意識して，クラス運営に当たりましょう。実際のところ，担任にも副担任にもできる仕事が大部分です。例えば，提出物の管理，集計は簡単にできます。また，掲示物や写真を飾るのも，机と椅子の整理も難しくありません。分担してできるものがあれば積極的にコミュニケーションをとり，一人あたりの負担を減らし協力関係を築きましょう。　（和田　崇弘）

楽しい学級づくり
（日常のコミュニケーション）

■ 今の時代に合わせて

　高校生活を振り返ると，楽しかった思い出にあふれる人がいる一方で，「楽しさよりも苦労の方が多かった」「勉強に部活に，長距離の通学。今思えば，よく通ったものだ」という人もいるでしょう。生徒たちもたくさん悩んで，苦労して，厳しい社会に耐えられるよう，それらを改善しようと活躍してほしいものですが，当然，当時と同様の教育（みたいなもの）をしてはいけません。心無い発言，激しい叱責，部活動等での長時間の拘束，スキンシップ……。これらのようなことがあれば楽しさを感じることはなくなり，いずれ高校へ足が向かなくなるでしょう。他にも友人関係，部活動環境，家庭事情で登校が苦しい，家から出たくないという生徒も一定数います。そんな中でも，少しでも多くの生徒たちが，高校を楽しい場所だと思えるよう，高校教員は様々な工夫をすることが求められます。

■ 楽しいと思える環境づくり

　生徒が，学校をもう一つの居場所だと感じることのできる環境づくりを目指します。具体的に，１つ目は生徒同士お互いに認め合えている環境にする

ことです。これは担任の役割でも書いてあります。生徒たちに普段から，友達の長所や短所も含めて個性だと認めること，仲良くなることが大事なのではなく，一緒に行動して共に学ぶことが大事なのだと授業や行事を通して繰り返し伝えましょう。

　2つ目は教員に相談しやすい状態をつくることです。これには様々な細かいテクニックがあります。

> ・教室にいる時間を増やす（生徒と一言でも多く話す）
> ・学期始めは全員と話す（簡単な個人面談や挨拶など）
> ・生徒たちの流行や興味・関心を知り，雑談をする
> ・授業参観をする（他の教科の授業中，廊下や後ろから参観する）

　これらすべてが，「私はあなたたちをしっかり見ていますよ」というアピールになります。生徒との距離が近くなるので，教員として大人として，行動と発言には気をつけましょう。雑談やアドリブが苦手でも，一言話すだけで構わないです。「眠そうだね？　頑張れ！」「あれ？　疲れてる？　どうした？」そんな声かけでも，意外な話が聞けたりします。また，"忙しいアピール"には気をつけて下さい。あの先生いつも忙しそうだから話しかけにくい……となります。優先順位の一番上に「生徒対応」をもってこられるよう，意識しましょう。

　3つ目は教室環境の整備をすることです。次項のイベント等にも関連しますが，生徒の名前や写真のある特徴的な掲示物を貼りましょう。例えば，集合写真や作品や成果物，授業で作成したレポートや行事に関する要項や班員などです。自分もこのクラスの一員なのだと一目で確認できるので，他のクラスの掲示物を参考に，ぜひ自分のクラス環境づくりに取り組んでみましょう。生徒に手伝ってもらってもよいでしょう。なお，教室の前方に掲示物をたくさん貼るのは授業中の集中力が削がれることにつながるので，配慮しましょう。

（和田　崇弘）

楽しい学級づくり
（イベント等①）

■ 校外での活動

　大部分の学校では学年で一度か二度，校外学習が行われます。目的は環境学習や進路学習，修学旅行の集合練習など様々ですが，担任としての目線で見ると，やはりクラスの団結力の向上が大きいです。

　班編成から事前学習まで，とにかく大事なのは「まずは生徒に任せてみる」ことです。班編成の際も，最低限のルール（例えば，クラスが40人の場合，四人班を10個つくる，男女混合の班にする等）だけを提示し，タイマーで5分測り，タイムオーバーなら出席番号順，といったゲームのようにすれば，生徒たちなりに考え，案外，班を編成できてしまいます。HRでそういった時間が取れない場合でも，例えば背面黒板に校外学習コーナー（班員を書き込めるスペース）をつくり，「何日までに編成して書いておくこと！」等と指示を出せば，3日後くらいには編成できており，尚且つ，教室が校外学習の雰囲気になるので，自然と明るい楽しげな環境ができあがることもあります。ただし，あまりクラスメイトとかかわりたくない，一人でいることが好きな生徒も在籍している可能性があるため，そのような場合はHRで時間を確保してサポートしながら班編成を行いましょう。なお，当日は生徒の安全を第一に考え，健康状態や大まかな行動を把握することが大切です。そ

れさえ忘れなければ，後は生徒と一緒になって楽しめば大丈夫です。班行動で見かけたら話しかけたり，写真を撮ったり，学校へ帰ったら教室に掲示したりして，生徒との思い出を残しましょう。

■ 校内での活動

　校内行事であれば，「まずは生徒に任せてみる」ことが大切です。というのも，校外学習では生徒たちは少なからず学校の名前を背負って行動します。また，文化祭でも一般公開であれば，保護者や近隣の方々，志望校として意識している中学生等に校風として記憶に残ります。そのため，外見や行動面での指導が必要になるのですが，校内だけの行事であれば，ある程度の失敗ならば「次は気をつけよう」とその経験を次回につなげることができるからです。ここでの任せ方のキーポイントは，リーダーの存在です。年度最初に決めたであろう HR 長は中心でいいのですが，生徒一人がクラスを引っ張る構図だと，何かあった場合に背負う負担が相当なものになります。よって，作業が分担できるように班分けをし，各班にリーダーをつくりましょう。明らかに常識から外れるようなことが無い限りは，生徒を陰から支え，困っていたらヒントを出す程度に抑え，生徒の行く末を温かく見守りましょう。

■ チームでの学級づくり

　以上のように，行事の際にクラスを導くのは担任の重要な役目になります。ここで生徒の活動にどの程度アプローチするのか，どの程度まで任せるのかで生徒からの信頼度合いも変わってきます。とはいえ，すべての活動に対して担任だけがかかわるのは間違っており，副担任をはじめ，学年団で情報を共有して足並みを揃えて指導をするべきです。これから担任として教壇に立つ先生は，協力して職務にあたる姿勢を忘れずに，困難な場面であれば身近な教員に相談するところから始めましょう。

（和田　崇弘）

楽しい学級づくり
（イベント等②）

■ 生徒を巻き込むイベントに

　クラス裁量でレクリエーションなどの時間が取れる場合には，クラスメイトと楽しめる活動を通して，仲を深めながらも，コミュニケーションスキルを獲得することが期待できます。

　イベントなどを企画する際に大切なことは「生徒を巻き込む」ことです。担任としてイベントを企画することはとても楽しいですし，やりがいもありますが，自主的に行動できる人材育成も我々の仕事と考えるなら，すべてこちらでやってしまうのは少しもったいないです。

　もし担任の裁量でクラス役員などを増やすことができるのであれば，「クラスレクプランナー」や「イベントコーディネーター」などの役職を設けても面白いかもしれません。ただし，すべてを丸投げにするのではなく，生徒が出したアイデアを大切にしながら，学校として実現可能なものをつくり上げていきましょう。

　場合によってはあまりアイデアが出ずに，なんとなく時間が過ぎて終わってしまうこともあるので，ある程度ヒントとして提案できる素材を準備しておき，共有します。

クラスレクやイベントのアイデアは無限にあります。ぜひ生徒主体で，親睦を深められるものを探し，実践していきましょう。

① 「新聞タワー」
用意するもの：新聞紙６枚×グループ数，メジャー
【流れ】
①ルール説明「今から新聞タワーというゲームを行います。ルールは簡単。この新聞紙６枚を使って，どんな形でもよいので一番高く，自立できる形にしたチームが優勝です。新聞はちぎったりしても構いませんが，道具や止めるためのテープは一切使えません」
②５分間の話し合い時間を設け，どのようにしたら高くすることができるか方針を決める。
③作業開始。５〜10分程度でメンバーと協力し，タワーを積み上げる。
④宣言時間終了後，各グループのタワーをメジャーで測り，記録する。
⑤優勝チームの発表。

② 「私は誰でしょうゲーム」
用意するもの：なし
パターン❶：出題者がヒントを出す
①出題者は「私は〜です」に当てはまるようにヒントを出す。
②解答者はわかった段階で手を上げて，発表する。
③正解者が出たら次の出題者に代わる。
パターン❷：出題者に対して質問をする
①出題者は前に立ち，質問を待つ。
②参加者は「あなたは〜ですか？」に当てはめて，質問を投げかける。出題者は聞かれたことを答えていく。
③正解者が出たら次の出題者に代わる。

（森部　雅大）

軽微な生徒間のトラブル対応

要チェック ✍

軽微なトラブルを見逃さず適切な対応をする

　学校生活では，ミスコミュニケーションによる誤解や情報の歪曲等から起こる対人トラブル，SNSにおける誹謗中傷等のネット上のトラブル等，日々様々なことが起きます。これらの情報をキャッチしたとき，「大したことのないトラブル」と見過ごさないようにしましょう。担任教師が見過ごしている間に水面下で生徒間の関係性がこじれていることがあります。油断したが故の対応の甘さにより，表出したときには問題が深刻化し，対応しきれなくなったとならないよう適切に対応することが大切になります。

■ チームで対応する

　生徒指導上の課題は，チームで対応することが最大の防御となります。学級のトラブルの情報をキャッチしたら，担任教師一人で対処せず，学年主任や生徒指導主事に報告し，管理職まで報告があがるようにします。その際，必要に応じて複数の教職員でチームを組んでもらい，トラブルの内容について情報を共有・検討し，見立てて適切な対応策を導くようにします。これにより担任教師の主観や経験則による判断，知識不足や偏りによる不適切な対応を防ぐことができます。このように，チームで対応することにより，①先輩教員や専門家から様々な知識を得ることができる，②所属感や同僚性を感じて対応することができる，というメリットがあります。

さらに，子どもたちの安心・安全な学校生活を担保することだけでなく，疲弊する状況を回避し，メンタルヘルスを維持することができるため，担任教師として，自信をもって学級の生徒に向き合うことにもつながります。

■ トラブル発覚後の対応は，迅速・丁寧に

　トラブルの情報をキャッチしたら，その内容や状況に応じたチームを編成し，以下の内容について組織で対応します。

聞き取り…当該生徒及び関係生徒に迅速かつ丁寧，正確に聞き取りをし，できるだけ生徒は個々に，教職員は複数で対応します。これにより，生徒のプライバシーを守り，情報元が特定しにくくなるだけでなく，事実関係の擦り合わせができます。時間をかけすぎると，生徒の認識があいまいになってしまうことがあるため，できるだけ早く，丁寧に聞き取ります。なお，同性の教職員が対応したほうがよいと判断されるケースは，担任教師であっても代わってもらうようにしましょう。

保護者対応…事実を確認した上で，早急に保護者へ連絡し，可能であれば対面で状況説明をし，情報共有します。これにより意思疎通が図りやすくなります。対応に苦慮する場合は，チームのメンバーに相談しましょう。そして，複数の教職員で丁寧に対応して理解を得るように努め，保護者と生徒の課題に同じ方向で向き合えるようにします。

アンケートの実施…アンケート実施の有無，内容や対象生徒，実施のタイミング等は，チームで検討します。アンケートに記載されている内容だけでなく，トラブルの可能性を感じる記述も含めて複数の目で情報を精査します。

記録…聞き取りや指導内容，保護者とのやり取り等は，時系列で記録しておきましょう。対応したトラブルがその後に深刻化する可能性もあるため，チームで記録係を決めておくとよいです。

生徒の対応は，指導と支援の両輪で

　事後の指導及び支援をする場合には，特定の学年や担任だけでなく，教科担当や部活動の顧問等，多くの目と手をかける連携をすることを心掛けましょう。そして，生徒に規範意識を身に付けさせるような生徒指導だけでなく，教育相談的なかかわりやSCを活用した心理面からのアプローチにより内省・反省を促す等，生徒の成長のためには，「指導」と「支援」を両輪で行うという視点をもつことを大切にしましょう。

　また，生徒のトラブルは複雑で多様化しているため，その内容によっては警察や青少年センター，外部の教育相談機関等と連携して対応することが必要となります。どの機関と連携すればよいか選択に困るときには，どこかの機関に相談すると連携先として適した機関を助言してくれることもあるので，臆せずつながってみることも有効になります。

　さらには，生徒指導上の課題を抱える生徒の家庭には，福祉的な支援が必要なケースも少なくありません。家庭への支援は，家庭によっては外部機関からの支援を拒む，つながる力そのものが弱い保護者等，担任教師としてだけでなく，学校で対応しきれないこともあるため，SSWを積極的に活用して，連携先を検討した上で，必要な支援につなげるとよいです。

　生徒が安定した学校生活を送るために必要な支援をすることは大事な視点となりますが，学校には守るべきルール等があります。支援と同時にルール等に則った生徒指導をしていくことを忘れないようにしましょう。

生徒のトラブルの芽を未然に抑え，早期発見するために

　トラブルが発覚したとき，適切な対応により早期に事態を終息させるべきですが，大前提として学級そのものが安全で安心，生徒が生き生きと活動できる場所になっていることが大切です。そのためには，トラブルを未然に抑

えて，軽微なトラブルを早期に発見することができる学級づくりと，担任教師としての自身のスキルアップに注力しましょう。学級づくりにおいてトラブルの芽を抑えるための取組を以下に提案しておきます。

・生徒との信頼関係づくり
　担任教師は，生徒と信頼関係を築くことが大切です。生徒に関心をもち，積極的にコミュニケーションをとりましょう。生徒の言動や行動をよく観察することで，生徒の興味や得意なこと，共通の話題等が見つかるでしょう。
・教育相談のスキルアップ
　生徒の言動や行動を観察することにより，「いつもと違う」「気になる」等，言葉に出さない生徒の SOS をキャッチできることができます。
・教育相談の校内体制の構築
　チームで支援するには，教育相談コーディネーターを中心に動きます。担任教師は，生徒自身や家庭と連絡・調整を担い，信頼関係を築きます。
・計画的に必要な情報の提供
　生徒の実情に応じ，必要な情報を提供するために LHR 等を活用した取組や講話を計画的に行います。
・心を育む教育
　命の教育や人権教育等，「心を育む教育」に取り組むことで，生徒の意識や考え方の幅が広がります。
・わかると実感できる授業づくり
　学業不振から学校生活への意欲が低下し，不全感が引き金となりトラブルを起こすこともあります。授業内で自己肯定感を高める機会をつくります。

　生徒の抱える課題に対応するには，自らのスキルを向上させることが大切です。是非，積極的に研修や事例研究等に参加してみましょう。（桑田　美和）

重大事態（いじめ等）のトラブル対応

要チェック 👆
いじめに関する正しい知識と対応を身に付ける

■ いじめの定義を理解する

担任教師を続ける中で，避けては通れないのが「いじめ」の問題です。「いじめ」を扱うときには，教育的配慮に加えて，法的対応も必要となります。そのためまずは，その定義を理解する必要があります。

近年では，わかりやすい「いじめ」だけでなく，LINE や X などの SNS での書き込みややり取りからいじめに発展する場合もあり，教員がその実態を把握しづらいです。そのため，仲間同士のふざけあい，たいしたことはないと一方的に判断してしまうのは危険です。そこで，まずは担任として「いじめ」とは何かをおさえておく必要があります。いじめ防止対策推進法第2条で，一定の人間関係にあること，心理的・物理的影響を与える行為（インターネットを通じて行うものも含む），児童生徒が心身の苦痛を感じているものという項目が「いじめ」の定義の中に示されました。また，以下のことが重要になります。

- ・「いじめ」か否かの判断は，表面や形ではなく，「いじめられた側」の立場にたって考える。
- ・「いじめ」の認知は，学校の「いじめ対策委員会」で「組織」として確認する。

①いじめが生じた場合

どんなに担任教師が学級経営や学級における人間関係に注意や配慮をしても，いじめが発生することはあります。そのときには担任教師としてすぐに対応をしましょう。生徒自身がそのようなつもりはなかったとしても言葉，行動等が相手にとって不快に感じられたらいじめになるという定義に基づいて，担任として対応に当たります。

・いじめに対して毅然とした態度をとる

・被害者と加害者の双方の言い分を必ず聴く

まずは，いじめに対しては毅然とした態度をとります。伝えることをしっかりと伝え，事実を確認しつつ，加害者側に考える機会を与えます。躊躇したり，生徒との関係が壊れないかと恐れていると，状況が悪化したり，被害者やその保護者，クラスの生徒の信頼を失いかねません。

そして，被害者・加害者双方の言い分を必ずきちんと聴きます。被害者は傷ついていたり，加害者は表面的には加害をしていても部分的に被害者であったり，それをせざるを得ない背景があるかもしれないからです。それぞれの生徒の話に耳を傾けて十分に話を聴き，そしてアセスメントをしっかりと行った上で，必要に応じた心のケアや指導を適切に行います。

同時に，自校で定める「いじめ防止基本方針」に従って，校内委員会を軸に教職員が一丸となって，事実を明らかにし，問題解決のために全力を尽くして対処に当たることが必要です。

学級担任一人で解決するのではなくチーム学校として，組織としていじめに臨む態度を大切にしましょう。

②万が一，いじめ重大事態が発生した場合

重大事態とは，「いじめにより当該学校に在籍する児童等の生命，心身又は財産に重大な被害が生じた疑いがあると認める」事態（1号重大事態）及び「いじめにより当該学校に在籍する児童等が相当の期間学校を欠席することを余儀なくされている疑いがあると認める」事態（2号重大事態）に分け

ることができます（いじめ防止対策推進法第28条第1項）。被害児童生徒や保護者から「いじめにより重大な被害が生じたという申立があったとき」も含み，2号については，不登校の基準の年間30日が目安とされていますが，一定期間連続して欠席している場合は，迅速な調査の着手が求められています。そのため，重大事態の「疑い」が生じた段階で調査を開始しなければならないことを認識し，学校が速やかに対応することを強く認識しておきましょう。そして，「いじめ重大事態」に学校組織がどのように対応するのかをおさえておくようにしましょう。

■ 「いじめ重大事態」の対応について

①発生の報告（30条第1項）

重大事態（「疑い」も含む）の発生が認められる場合，学校は，電話等で速やかに教育委員会へ報告し，その後，文書で教育委員会を通じて地方公共団体の長まで報告します。報告は，法的に義務付けられているため，遅延や報告をしないのは法令違反で，教育委員会による学校への指導・助言，支援等の対応に遅れを生じさせます。これにより，教育委員会から指導主事，SC，SSWの派遣等の支援が可能になるため，適切な対応が求められます。

②調査組織の設置，調査主体の決定

次に教育委員会は，調査の主体を，学校または教育委員会のいずれかに決定し，調査組織に公平性・中立性を確保します。教育委員会が主体の場合は，第14条第3項の教育委員会に設置される附属機関（第三者により構成される組織）が，学校が主体の場合は，既存の学校のいじめ防止等の対策組織に第三者を加えて調査が行われます。

③調査についての説明

被害者側に寄り添いながら対応することを第一とし，信頼関係を構築する

ことを大切にし，調査実施前に，「いじめはなかった」などの不適切な発言は避けます。説明事項は以下の通りで，記録は，俯瞰性，具体性，事実性を踏まえて書き，学校は可能な限り自らの対応を振り返り，検証します。

・調査の目的・目標と調査主体（組織の構成・人選）

・調査時期・期間（スケジュール，定期的及び経過報告）

・調査事項・調査対象（説明する際には，被害児童生徒・保護者が調査を求める事項等を詳しく聞き取ること）

・調査方法（アンケート調査の様式，聞き取りの方法，手順）
　被害児童生徒・保護者から調査方法についての要望は，可能な限り反映させること。アンケートは，複数で検証，管理職の決裁，ソシオグラムに倣った関連図の作成。

・調査結果の提供（内容，アンケート等の情報提供の方法等，加害者側への調査結果の説明方法等）

　なお，調査にあたっては被害生徒やいじめに関する情報提供をしてくれた生徒を守ることを最優先に，アンケートを実施し，速やかに加害生徒からも，いじめの事実関係を聴取し，把握した情報は記録として保存しつつ，被害生徒・保護者に調査の進捗等の経過報告を行います。

④分析・結果報告

　学校いじめ防止基本方針に基づく対応は適切だったかなどの分析を行い，報告書を作成（30条第1項）し，調査結果の報告等（第29条・30条・31条）を行います。このとき，単に謝罪するだけでは「いじめの解消」につながりません。被害者が心身の苦痛を受けていない，その状態が相当の期間（3か月目安）継続していることが条件となっています。

　普段から軽微ないじめを見逃さず，相談しやすい環境やあたたかい雰囲気の学級づくりと，保護者の理解と協力を得られる関係性を築いていく未然防止（予防）を学級担任として大事にし，いじめや重大事態が生じた場合は，教員一人で抱え込まずに初期対応に臨むようにしましょう。　　　　（桑田　美和）

非行事案への対応

　近年，高校生において大麻の乱用の増加や，目先の利益のために「闇バイト」に安易に応募して，特殊詐欺や強盗等の重大な犯罪に加担してしまうことが大きな社会問題となっています。非行と言われる様々な事象への加担を防止するためには，校内の教職員以外に，保護者，警察，ボランティアなど，少年の健全育成に携わる方々と連携して，担任教師として日頃から啓発や予防に取り組むことが望まれます。

■「非行少年」と非行の原因

　「非行少年」は，少年法第3条に規定されている少年で，14歳以上で犯罪を行った「犯罪少年」，14歳未満で刑罰法令に触れる行為をした「触法少年」，保護者の正当な監督に服しないなどの事由が認められ，今後犯罪少年や触法少年になるおそれのある18歳未満の「ぐ犯少年」の三つに分けています。

　非行の原因には，本人，学校，家庭，地域や環境の四つの背景が複雑に絡んでいると考えられています。本人のもつ特性から見通しがたてられない，感情のコントロールが困難である等，加えて発達の課題や家庭内の課題を抱えていることもあります。また，学習面で不具合を生じていることが多く，学習についていけない，勉強がわからないことによる自己肯定感の低さや自己有用感がもてないことから居場所を見つけられず非行に走るケースが少な

くありません。そのため，行動観察や家庭との連携がとても大切になります。

①非行が発覚したときの対応について

　非行事案は，警察や児童相談所等から学校への連絡で発覚することもあります。その場合は，情報共有も含めて連絡元の機関と連携することになります。担任一人で対応するのではなく，校内で支援チーム（校内組織）を起動させ，方針を立てて対応します。管理職，生徒指導主事，学年主任，担任，養護教諭，教育相談担当，SC，SSWなどのメンバーによるチーム対応が肝です。そして，警察や児童相談所等，関係機関と連携します。

　学校で把握した後は，当該生徒及び関係生徒に迅速かつ丁寧，正確に聞き取りを行います。聞き取りは複数名で行い，生徒は個々にして，事実をすり合わせることでより正確にします。また，事案の内容によっては，同性の教職員で対応しなければならないケースがあることも忘れてはなりません。アンケートを実施する場合には，内容や対象生徒，実施のタイミングなどをチームで検討します。大まかな事実関係を確認したら教育委員会に一報を入れ，随時経過を報告します。同時に，担任教師から保護者へ連絡し，状況説明をするとともに保護者から事情を聴き取る必要があります。困難な状況も想定されますが，保護者にも複数の教員で対応し，協力して事案に対応できるよう信頼関係を築きながら進めることが望ましいです。

②事後の指導・支援について

　非行事案の発覚後，学校で引き続き指導・支援する場合には，特定の学年や担任に過度な負担がかからない配慮を組織的に取り組むことが必要となります。教職員の指導だけでなく，本人の内省・反省を促すためにSCを活用した心理面からのアプローチも有効です。また，家庭への支援が必要なケースも少なくないため，SSWを活用して連携先を検討し，本人だけでなくその家庭に必要かつ適切な支援につなげることが非行の再犯の抑止につながると考えます。

（桑田　美和）

特別支援教育への対応

特別支援教育への対応の基本

　現在の高等学校では特別な支援を必要とする生徒はどの学校にも在籍しています。言いかえると，高校教師として日々様々な生徒と向き合っていく中で必ずと言ってよいほど，特別な支援を必要とする生徒と出会うことになります。そうしたときに，教師がその生徒の教育的ニーズに応じた適切な指導・必要な支援を考えることはとても大切です。

　「特別支援教育」とは，障害のある幼児児童生徒の自立や社会参加に向けた主体的な取組を支援するという視点に立ち，幼児児童生徒の一人ひとりの教育的ニーズを把握し，そのもてる力を高め生活や学習上の困難を改善又は克服するため，適切な指導及び必要な支援を行います。また，知的な遅れのない発達障害を含め，特別な支援を必要とする幼児児童生徒が在籍するすべての学校において実施されるものとされています。したがって，高校教師として，特別な支援を要する生徒に対する指導・支援を考えていく上で大切な視点として以下の三つを押さえておきましょう。

①「自立や社会参加」が目標となる

　特別な指導・支援が自立や社会参加を見据えたものになっているか，その

生徒が将来自立して社会参加していくために，今必要な支援を考えることが重要です。例えば，ADHD の傾向がある生徒に，口頭だけでは伝わりづらい場合は，視覚的にわかるように指示内容を黒板に提示するように支援します。ここで「自立や社会参加」という視点を考えていくことが大切になります。この生徒が大学へ進学したときや社会で働くときに，自分からこの支援（合理的配慮）を他者に伝えることが自立に向けて大切になります。そのため，自分の特性や課題を理解して，必要な支援を求める力も指導していくことが必要です。このような「自立や社会参加」という目標を念頭に置き，担任として普段から指導・支援していくようにしましょう。

② 「一人ひとりの教育的ニーズ」を把握する

　まずは生徒の障害の特性や実態を把握することが基本です。学級での様子や学習でのつまずきなど気になることの背景に何があるのか把握しましょう。障害特性からなのか，または心理的なところに理由があるのか，検討していくと背景や行動の理由が見えてくることがあります。担任一人の意見だけでなく，複数（他教科担当者や養護教諭，SC 等）で検討することが有効で，特別支援教育コーディネーターを中心にチームで対応していくことが大切です。また，保護者の話や学校以外の医学や心理学，福祉分野等の専門家の意見も聞くことができると，より多角的に実態を把握できるようになります。生徒の問題となる行動だけを見て，指導や支援を実施するとうまくいかないことも出てきたり，指導の仕方によっては，逆効果になり2次障害が生じてしまうことも懸念されます。実態を把握した上で，生徒に応じた指導内容や支援内容，合理的配慮について考えていきましょう。

③ 「適切な指導及び必要な支援」をする

　①②で挙げた実態の把握ができた上で，適切な支援や必要な支援を考えていきます。例えば，何度言っても提出物が出てこない，やるべきことを忘れて別のことをやってしまうという問題行動が目立つ生徒がいます。どうして

そうなるのかについてを特性や実態をチームで把握・検討すると，必要な情報を整理したり，優先順位を付けたりすることが難しいことや口頭での支援だけでは，理解しづらいこと，簡単な予定やスケジュールを管理することが難しい生徒であるといったことがわかります。

　そこで，視覚的にわかりやすいように「やることリスト」をつくり，優先順位が見てわかるような表などを使用してみることやメモをとる習慣を身に付けるなど，この生徒に必要な支援を共有します。この段階で各教育委員会の事例集などで，同じような事例がないか調べると，生徒に応じた指導・支援のヒントが得られます。ただし，事例はあくまでも事例なので，その支援が正解ではありません。だからこそ，その生徒に応じた実態把握と適切な指導・支援が大切になってきます。また，継続的に様々な支援をする場合は，指導・支援は定期的に見直していく必要があります。過剰な支援になっていることや支援がなくてもできるのに必要ではない支援をしていることもあります。定期的にチームで支援の経過を共有・検討し，PDCA サイクルで指導・支援方法を振り返ることも心掛けましょう。

■ 「個別の教育支援計画」の活用

　個別支援をするときに重要になるのが，教職員間での共通理解です。教師によって指導や支援方法に相違があると生徒は混乱し，逆効果になってしまうことがあります。生徒指導と同様にチームで支援していかなければなりません。そこで教職員間の共通理解を図るためのツールとして「個別の教育支援計画」の作成と活用が重要になってきます。「個別の教育支援計画」については，各県や文部科学省の HP に様式や作成例などがありますので，作成の際には確認してみましょう。大切なのは，個別の教育支援計画をつくるだけで終わるのではなく，活用することです。わからないときや困ったときは先輩教員に積極的に聞きましょう。

（武田　和也）

6章

校務分掌に
かかわる仕事術

教科部会

年度初めの教科部会

　各教科部会は，年度初めにどの学校でも開かれます。ここでは，異動してきた先生との顔合わせとともに，今年度の年間計画の確認，時間割と各担当者の担当科目と履修生徒の確認，教科書と副教材の準備，教育実習生の担当者の確認など年度当初の様々な事柄に関して確認や情報共有を行うとても重要な位置づけとなります。

　特に，教育課程が変更され，学習内容や新たな科目の設置などがある場合は，担当者間での評価規準の確認や定期テストの作成と評価の在り方などの確認が重要になります。教科主任を中心に，生徒の実態に即した指導方法の研究や教科書の選定作業なども加わってくることから，教科部会で十分に教員間で意思疎通を図っておくことが，１年間の指導の要となります。

資料の共有と業務の協働・分担

　教科によっては，毎年同じ科目を担当する場合もあるでしょうが，学年進行によって担当科目が変わったり，急な人事配置の変更により，担当学年や担当科目が変更になったりする場合があります。そのために，教科部会を通

して，各科目の副教材や指導資料などを確認していくことが重要です。

　さらに，単元ごとに前年度の生徒配付資料や副教材などについて，教科内で共有していくことが，業務の効率化につながります。特に，生徒用プリントや考査問題に関しては，科目の担当者間で十分に共有し，修正を加えながら生徒の実態に即したものに変えていくことが，結果的には教科担当者の指導力向上にもつながっていきます。

教科ならではの研修の機会

　教育実習は，実習生本人よりも指導者の指導力がみられるといわれています。教育実習生に限らず，初任者や経験者研修の研究授業の参観は，その後の研究協議の時間を通して教科指導力の向上にとっての絶好のチャンスです。

　また，日ごろから研究テーマを意識した授業実践をしていくことが，日々の授業の在り方を変えていきます。

　さらに，ある学校では，地歴科公民科の教員が毎年夏に教科全員で1泊の研修旅行を行いながら，その旅行先に関係するテーマで各自が資料を用意し発表したりすることで，教科指導力の向上に役立てているといいます。また，ある学校では，年に1回古典芸能の鑑賞会を定期的に行っているといいます。

　このように，教科指導力の向上には，単に教員一人ひとりが単独で行うだけではなく，教科部会が中心となって互いの親睦を深めるとともに，教科に関する幅広い教養を身に付ける絶好の場となるため，積極的に参加しましょう。

教科備品の確認と活用

　各学校では毎年教科の予算が計上され，必要な書籍や教材教具が整備されていますが，使われず埋もれている教材も少なからず見かけます。また，予算が執行されるのが年度末になることも耳にします。せっかくの予算ですから，生徒のために早期に執行し，生徒に還元しましょう。　　　　　　　　(百瀬　明宏)

校務分掌の仕事の効率化
（教務）

■ 教務部の仕事内容

　教務部は学校行事や授業，成績処理など，学校運営や生徒の学習活動に深くかかわる分掌です。まさに学校の心臓部であり，教務部の動き次第で，学校の様々な環境が変わりますし，変えることができます。そのため，仕事内容は多岐に渡り，また，情報部が設置されているかどうかによっても大きく異なります。以下に，公立高校の教務部の業務内容の例を大まかに記します（情報部は設置されていません）。

　①年間行事予定に関するもの　　②時間割と時程に関するもの
　③教科書，副教材に関するもの　④考査に関するもの
　⑤入試に関するもの　　　　　　⑥学籍，生徒個人情報に関するもの
　⑦教育課程に関するもの　　　　⑧成績に関するもの
　⑨１人１台端末（GIGA スクール計画）に関するもの

　以上に関しての立案や計画，時間や人の調整，管理をそれぞれが分担し，毎日区切りはあっても終わりのない業務を行っています。なお，情報部があれば，システムの運用や管理といった情報処理系業務を任せることができるので，仕事量の分散につながります。ただ，情報の専任教諭が１校に一人いるかいないかの高校もあり，コンピュータやネットワークなど，情報スキル

をもった教員が確保できなかったりと，そう簡単に情報部を設置することができない状況もまだみられます。

■ 教務部の仕事の効率化

　結論を言うと"効率化できる業務"と"効率化してもかえって効率の悪くなる業務"の2種類に分けられます。

　まず"効率化できる業務"とは，簡単に言い換えると"電子化できる業務"です。例えば教育課程について教科ごとに話し合って，教務に提出し，報告用にまとめる。これらは文書作成ソフトウェアやクラウド，ファイルサーバを活用すれば紙の使用も抑えられ，提出や共有，データの保存や引き継ぎがスムーズに行えます。これは教科書選定や年間行事予定を組む際にも利用できます。課題点を挙げるのであれば，きちんと外部から隔離された場所にサーバが組まれているのか，それらを管理する担当がいるのか，そもそもそれらのソフトウェアを使えるのかという点に気をつけなくてはなりません。また，一人や少人数だけが使える状況も業務の偏りにつながってしまうので，操作方法を教え，教わり，全員で取り組むことが大切です。

　一方，"効率化してもかえって効率の悪くなる業務"があります。例えば，生徒たちの春季休業中に行われる時間割の作成です。各教科からの要望と，新年度の人員配置を元に調整を行い，全クラスの日程表を決定していく大事な業務ですが，実はこれらを自動で組んでくれるシステムは存在します。これを利用すれば，文字通り機械的に割り振られ，一見バランスよく組まれることでしょう。しかし実際には，複数科目が1日に集中し，教材研究に拘る時間がなくなったり，空きコマの多い日ができたり，月曜日から始まらず，同科目でも授業数の差ができたりと，この僅かな差が後に大きなストレスとなるのです。とはいえ，どんなシステムであろうとまずは試してみないと課題も見つからない，改善のしようもないので，チームで「まずはやってみよう」精神で触れてみることから始めてみましょう。

（和田　崇弘）

校務分掌の仕事の効率化
（生徒指導）

■ 増え続ける仕事

　生徒指導の仕事は，学校教育活動のあらゆる領域に機能としてかかわるものです。そのため，年を追うごとに様々な課題が浮上し生徒指導上の仕事は年々増えていく傾向にあります。いじめや情報モラル，自殺予防などこれまで以上に新たな取組が求められています。もちろんやらなければならない喫緊の課題への対応をないがしろにすることはできません。ですが，限られた人員と限られた時間でやらなければならないことが増えるだけであれば，それはやがて破綻してしまいます。

　しかしながら，生徒指導が機能だということがここでは有利に働きます。機能だということは機能としてまとめていくことが可能になるということです。機能面での統合を意識することで，仕事の効率化を図ることも可能になるという側面がみえてきます。

■ 何をどう統合するか

①機能面での統合

　例えば学校では，喫煙や飲酒，ネットゲームやSNS等が生徒指導上の問

130

題として上がってきます。これ
らへの対応は，『生徒指導提要』
（文部科学省，2022）の重層的支
援構造の中で捉えると，課題未
然防止教育として，全生徒を対
象とした体系的な教育プログラ
ムの実施が重要とされています。

そうすると情報モラル教育の
充実，自殺予防教育も求められますし，従来からの薬物乱用防止教室の実施，
いじめ防止教育等，様々な個別プログラムが年間指導計画の中に位置づけら
れ，企画・実施されていることになります。しかしながら，もちろん根幹に
なる部分については，個別の実施が必要となっても，多くは共通した対応が
可能なものではないでしょうか。

依存症は人に依存できない病とも言われます。ということは，人とかかわ
り適切に依存できる（支援を求めたり，相談できたりする関係を含む）関係
を築けるということを共通項として実施することは可能です。これが上の図
では矢印で示してある部分ということです。

この共通項にかかわる部分を，個別のプログラムの中で実施するのではな
く，共通のものとして効率よく実施することが可能です。

②委員会活動の統合

例えば同趣旨の要素が多くある教育相談委員会，特別支援教育推進委員会
などは一つにまとめてしまうなどの対応をとることだけで，かなりの効率化
（会議時間の設定だけでも）を図ることができます。

小野善郎（『いじめ予防と取り組む』，2015，千葉県高等学校教育研究会教
育相談部会）は，「いじめは精神保健の重要なテーマである」としています
が，その考え方から学校に義務付けられている「学校いじめ対策組織」と学
校保健委員会を統合した例などもみられます。

（田邊　昭雄）

校務分掌の仕事の効率化
（進路）

■ 進路指導部…組織としての仕事

　生徒が自己の在り方・生き方を考え，主体的に進路を選択することができるよう，学校の教育活動全体を通じ，組織的かつ計画的な支援を行うことが進路指導の目的です。それを実現するための中心的分掌が進路指導部です。進路指導部の分掌としての機能は三つです。

---

(1)進路関係情報の収集（生徒の志望状況，進学情報，就職情報など）
(2)進路ガイダンスの企画・運営（進路講演会，分野別説明会など）
(3)生徒支援（集団・個人への情報提供，相談対応など）

　これらの機能はいずれも生徒の進学や就職といった卒業後の進路決定につながる重要な業務となります。
　高校の進路指導の特徴は学校ごとに生徒の進路志望や支援ニーズが大きく異なることです。例えば，大学進学希望が多数の学校もあれば，就職希望が半数を超える学校もあります。そのため各校では独自の年間進路指導計画を立てて，組織的に支援に当たります。進路指導は教科指導，総合的な探究の時間，特別活動など，あらゆる教育機会を通じて行われるものなので，学年

や他の分掌と協働していくことが不可欠であり，その前提となる情報共有が非常に大切と言えるでしょう。その場合，コロナ禍を経て急速に学校にも広がったICTの活用が業務の効率化に有効です。

■ 進路指導部職員……個人としての仕事

あなたが進路指導部員であれば，年間指導計画に基づく役割分担があり，進学指導ならば大学・短大・専門学校などの学校種で，就職指導ならば一般企業と公務員といった分類で担当する業務をもつことが一般的です。そのいずれを担当する場合でも，年間スケジュールの見通しをもつことが基本となります。一つのミスが生徒の将来を左右する可能性のある進路指導業務は基本的に単独で担当することは避けるべきです。したがって，誰といつ，何を活用して，業務に着手し，実施・運営するのかを逆算して予定を立てることが肝要です。特に入試や就職に関する業務は限られた期間内に複数の目で複数回点検する必要があるため，できるだけ余裕をもった計画を立てる必要があります。その際，役に立つのが前年度の記録やデータです。毎年，定期的に行う進路志望調査などは，ICTを活用し分掌内の共有フォルダでそれらを保管していれば，前年度の振り返りを活かして効率的に業務に取り組めることでしょう。そして，自らも次年度

に向けて，反省点を含めて記録を残します。個人の経験知から教職員間の共有知へ，常に協働体制の構築のために情報共有を心掛けましょう。また進路指導業務で扱う資料やデータは個人情報に係る場合も少なくないため，その取扱いには守秘義務を守り，慎重になる必要があります。責任の重い進路指導業務ですが，丁寧に生徒に寄り添い適切に支援を行うことで，生徒の進路目標の達成や自立に向けた成長を間近かに見守ることのできるやりがいのある業務でもあります。

（藤田 拓哉）

校務分掌の仕事の効率化
（システム関連）

要チェック
アンケート集計や成績処理で ICT を活用する

集計作業の効率化

　ICT を活用するようになり，大きく効率が上がった仕事の一つに各種調査やアンケート，申し込みなどの回答や集計作業が挙げられることは P.38～でも取り上げました。現在の勤務校では分掌の仕事として，教務部では授業評価アンケート，総務部では保護者アンケート，進路指導部では進路希望調査や模試の受験科目選択などに Forms を活用しています。やはり集計作業に時間のかかるアンケート類に活用することで仕事の効率化につながっています。

　その一方で課題としては，教員や生徒，保護者の方が Forms を使った実施方法に慣れていないため，アンケートの設問準備や回答に少し時間がかかってしまうことと，紙で集めるよりも回収率が悪くなる傾向が見られることが挙げられます。どちらの点に関しても，ここ数年で新しく始まったことなので回数を重ねることで扱い方に慣れていき，運用がスムーズになっていくと予想されます。

　今後の利用方法としては，例えば教務部の業務においては，学校説明会における中学生の参加者の申し込みを，Forms などでホームページ上に載せて中学生の目に留まりやすくするとともに，集計作業を円滑に行えるように

することなどが考えられます。

■ 成績処理システムによる効率化

　昨今は，共通の成績処理システムを活用するケースも出てきました。

　以前は，公立の多くの学校で教務部，または情報部が学校ごとに独自に用意した成績処理のための Excel ファイルなどを利用していたため，異動のたびに学校ごとに違うやり方を覚えなくてはいけないという点と，完成した成績ファイルから要録や 3 年生の調査書をつくっていくために，進路指導部にデータを入れた USB メモリなどを渡すなどのやり取りが必要でした。そのため，最新のデータがどれかの確認が煩雑になる点などのデメリットがありました。

　一方，共通システムでは，異動したとしても次の学校でも同じシステムのため，使い方を一から覚えなおす必要がありません。また，教員全員が同じファイルを見ることができ，そのシステムの中で要録や調査書の作成も行うことができるため，無駄なデータの受け渡しなどが起こりません。成績会議資料に必要なデータもその中から簡単に出力することができるので，資料としてまとめることもやりやすくなっています。

　仮想デスクトップ上で行っているシステムのため，情報の流出などの不安要素も少なく，各学期末の業務としては以前に比べると効率よく進行できるようになりました。

　これらのシステムが導入されていない学校もあるかもしれませんが，少しでも可能な範囲のシステムを統一することで，仕事の効率化を進めることができることを意識しましょう。

（太田　健介）

部活動

　学校における働き方改革を推進するための具体的な取組の一つとして「部活動の指導の在り方」が議論されることは，今やごくごく普通になってきました。それだけ全国的に関心の高い事柄であると言えます。

　これまで学校を中心に展開されてきた部活動ですが，現在は全国的に各自治体にその役目を引き継ぐべく，地域移行が進められている状況です。

　そのような現状を踏まえ，あえて上述のような見出しを付けたことには，理由があります。以下にその理由を記していきます。

■ 部活動をとりまく現状

　現在の部活動は，スポーツ庁及び文化庁が2022年に策定した「学校部活動及び新たな地域クラブ活動の在り方等に関する総合的なガイドライン」（以下，ガイドライン）に則り，学校や家庭，地域の実情に応じて取り組むこととなっています。このガイドラインには，以下のような内容が体系的に示されています。

　ガイドラインの内容は，公立中学校やその生徒を主な対象としていますが，そう遠くない将来，この流れが高等学校にも，より強いレベルで求められる可能性があるという観点から，考えていただくことも重要でしょう。

ガイドラインに示されている主な取組（抜粋）

・法令に基づく業務改善や業務管理を行うこと
・自治体がスポーツ・文化芸術団体との連携や保護者等の協力の下，学校と地域が協働・融合した形での環境整備を進めること
・部活動の指導に意欲のある教職員の兼職・兼業を円滑に推進すること
・地域移行をまずは，休日から着実に進めること
・令和５年度から３年間を（地域移行に向けた）改革推進期間とすること
・学校の教職員が大会の引率をしない体制の整備
・全国大会の在り方の見直し
・休養日の設定や体罰，ハラスメント根絶に関わる取組の継続
（旧ガイドラインから踏襲）

■ これからの部活動

　現場教師は上記のガイドラインに則り，「学校や家庭，地域そして先生方のこれまでのプラスの実践を継続する」ということになります。

　また，これからの部活動の指導にあたり，ガイドラインを鏡に例えてみてはどうでしょうか。これまでの実践をガイドラインという鏡に映すことで，改善が必要な所，継続していくべき実践など，部活動への取組を前進させていくためのヒントが見えてくることもあります。さらに，ここで得られたヒントは部活動の指導現場のみならず，教科指導や生徒指導等，他の実践の場面においても活かすことができるかもしれません。

■ 部活動の顧問を通した教員としての成長

　部活動は，存在そのものが否定されるものでは，決してありません。教育

的効果という点でいえば，

・保護者や指導に携わる関係者とのコミュニケーション能力が向上した（生徒，顧問ともに）
・不登校の習慣が改善され，進路実現への橋渡しとなった
・高校卒業後も活動を継続し，大学でも所属団体の中心的な存在となり，卒業後は，仕事をする傍ら，地域クラブの指導者となった
・部活動がきっかけとなり，教員になることを目指し，夢を叶えた

など，挙げればキリがありません。もちろん，全てが「部活動の指導による効果なのか」と言われれば，自信をもって「そうです」と答えられる項目は限られています。しかし部活動の指導から見えてくる生徒の姿を顧問に限らず，学級担任や学年主任，更には管理職とも共有し，生徒の支援の幅を広げられたという実践も多く見聞きします。高校時代の部活動の体験は，生活習慣の改善や進路決定に影響するだけでなく，深刻化する教職員の成り手不足の解消にもつながっていくものではないかと考えることもできます。

部活動の指導における教職員にとっての財産は，技術指導や生徒指導の能力開発に留まらず，企画・調整力を大幅に向上させられるという点にあります。例を挙げると，発表会等，公的な行事におけるスタッフの配置を任された場合，それは校内で授業の時間割を組んだり，校務分掌に職員を適切に配置したりすることに直結します。展示会や公式戦の会場を所属校で引き受けることもあります。その場合，校内施設の使用許可や設営等の準備から実施後の片付け，復元に至るまで，様々な調整が必要になってきます。

部活動は，日頃授業等では指導していない生徒とのかかわりがあったり，遠征や合宿など平日の教育活動では得られない非日常的な体験を生徒や保護者と共有したりする点において「生徒と向き合う時間を確保する」という「働き方改革」が目指す取組にもリンクする実践の場面となり得ます。

この項目の冒頭「部活動は教員にとってこの上ない教材」と示した理由は，部活動が上述のとおり多くの可能性を秘めているからです。

（末吉　文武）

7章

日常業務・
その他の仕事術

日常事務の処理

担任教師の日常事務

「教員は事務仕事に忙殺されている」とよく聞きます。実際に日常事務とは何を指すのでしょうか。以下に担任教師の日常業務の例を挙げます。

日常事務の一例

・生徒の観察（健康面や相談事の有無など）

・欠席が続いている生徒のケア（保護者への連絡や家庭訪問等）

・課題のチェック（コメント等の記入を含む）

・保護者とのコミュニケーション（出欠確認や相談事の受付）

・テストの作成と採点，評価（授業内実施，テスト期間や学期末など）

・部活動に関する事務手続き（活動計画，遠征準備，大会出場手続，作品出展など）

・いじめ調査（不定期）

・各担当による行事の立案，検討（体育大会・合唱コンクールなど）

これ以外にも不定期にアンケート調査を行って集計をしたり，それをもとに聞き取り等の計画を立てたりするなど，数え挙げるとキリがありません。

■ 日常事務の処理は徹底的に効率化を目指す

　教員の日常事務は「素早く，正確に」効率化を目指して行うことが大切です。近年，教員の業務負担軽減のため，いくつかの対応策が講じられています。「教員業務支援員（スクール・サポート・スタッフ：SSS）」や「障害者雇用事業」など，外部人材による業務のサポートはその最たる例です。これらの制度はうまく活用することで，大幅な業務負担の軽減につながります。外部人材活用の制度により，支援が可能な業務の例を以下に示します。

　・感染症対策・保健衛生業務
　　教室内の換気や消毒，消毒液の補充等の感染症対策，登下校時や休み時間等の見守り，衛生環境整備，物品等の準備
　・印刷業務・仕分け作業
　　印刷文書仕分け，郵便物仕分け，自治体からの案内等，行事等のチラシ，入試・進路情報・簡易なアンケート調査
　・入力・事務作業
　　データ集約・入力業務，授業準備補助（物品調達），教室・廊下掲示物管理補助，文書・雑誌類の回覧

　これらの制度は，学校のための大事な人的資源として大いに活用しましょう。依頼の際は，業務内容や期限等を具体的に確認することが重要です。先進的に導入を実践されている現場では，外部人材による業務のサポートにより，事務的業務が軽減され，その結果，授業準備が進み，生徒と向き合う時間を確保できたという複数の報告があがっています。

　そして大切なのは，協力してもらった方には，必ず感謝の気持ちを言葉にして伝えることです。外部人材の方も「チーム学校」の一員であり，貴重な戦力として共に進んでいただけるよう働きかけてください。　　　　　　（末吉　文武）

起案文書の作成

起案文書を書くときの心得

起案文書を作成するときには以下の2点を心掛けます。

起案文書作成のポイント
(1)外部に発出される文書は，必ず起案しましょう。
(2)文書作成の際には，時間に余裕をもち，複数の担当者で複数回のチェックを心掛けましょう。

　学校には，入学式・卒業式・体育祭・文化祭・修学旅行・遠足・定期テスト・学校説明会など，様々な行事があります。学校で行われる行事の多くは，起案をして決裁を受けた後，初めて活動（実施，配付等）が可能になります。起案とは，その行事の目的，日時，場所，参加生徒，対応する教員などを明確に記載した計画を作成し，「○○という目的のために，△△を行います」と案を起こすことをいいます。そして起案文書は，所属長の決裁の後，行政文書となり，その多くは開示請求の対象となります。そのため作成の際は，複数の担当者で複数回，誤字脱字の有無や内容をチェックします。また，文書に記載した内容を裏付ける根拠資料を添付することも重要です。例えば，

「○○年ぶりに開催」といった表記の場合は本当に○○年であっているのか
ということが，客観的に証明できる資料や記事を添付するとよいでしょう。
また「例年の内容から一部変更がある」という場合は変更前の起案文書のコ
ピーを添付し，どこがどのように変更されたのか明確にすることも必要です。

■ 起案文書の作成手順

　起案文書を作成したら，所属する団体（学年，各種委員会など）のとりま
とめ役に回覧していく必要があります。
　　例　　進路指導担当（学年の一教員としての分掌）
　　　　　担当→学年主任→進路指導部主任→教頭（副校長）→事務長（企画
　　　　　室長等）→校長→決裁
　学級通信や学年通信なども同様に，学年主任や教頭（副校長），校長まで
回覧したほうがよいでしょう。担任だからと勝手に，他の教職員の目を通さ
ず発行すると，主観が強すぎたり，不適切な言葉を使用したり，個人情報等
への配慮が足りない内容になってしまうなど，トラブルを招きかねません。
新人や若手の先生は，起案文書の作成に慣れていないことは当たり前と捉え，
先輩教員に助言を求めつつ，常に複数の教職員で内容を確認してもらうよう
にしましょう。

■ 起案文書の保存

　起案文書の作成後は，紙媒体の資料でファイリングするだけでなく，電子
データを他の教職員と共有できるようにしましょう。学校ごとにその方法は
異なると思いますが，次年度以降に向けた貴重な記録となり，校務の効率化
が可能になります。

（末吉　文武）

整理整頓

整理と整頓の意味を考える

　整理と整頓の言葉の意味を確認すると，整理とは，「要るものと要らないものを分けて，要らないものを処分すること」，そして 整頓とは，「要るものを使いやすい場所にきちんと置くこと」と示されています。これらをふまえてまずは，要るものと要らないものを区別することが必要です。何かとすぐに溜まってしまう資料の分類を考えてみましょう。プリントは「いかに捨てるか」を考えることが大切です。期間限定で必要なプリントは，その期間が終わったら必ず捨てます。訂正版が出たプリントは，最新のもの以外はすべて捨てます。

　『メタ認知』（三宮真智子，中央公論新社，2022）の本の中でも，机の上や周辺がいろいろなもので散らかった状態と必要なもののみが置いてある状態では，散らかった机で作業を行った場合の方が，ケアレスミスが多く発生すると指摘されています。「とりあえず机の上に書類を置いておこう」をやめて，いつも机の上の環境をきれいに整えておきましょう。

年間行事予定表や時間割表のある机の上

授業プリントは，原稿を紙に出力，ストックしておき，素早く印刷できる状態で保管するのが便利です。また，印刷室は試験前になると多くの人が使用するため印刷機が故障しやすくなります。日頃から印刷機の紙送り等の微調整を小まめにすることも大切です。資料は学校内・学校外と，きちんと区別し，どこにしまったかが把握できるようにファイルしておきましょう。

■ 個人と学校組織の仕事を分けて整理整頓する

　自分個人の仕事と学校組織の仕事（学年や分掌など）を区別することが必要です。年間予定表を見ながら，学校行事や研究授業，校務分掌など，自分にかかわる仕事にマーキングしておきます。1年間の忙しい時期とゆとりのある時期をはっきりさせて，余裕をもった仕事ができるように計画を立ていきましょう。メモノートを1冊用意して，「To Do List」を作成して時系列でどんどんやるべきことを記入していきます。

　そして，毎朝仕事の期限や締め切りを確認し，その週にやること，今日やることを決めて実行していきます。完了したものにはチェックをしていきましょう。HRの掲示物は，教室のどの場所に何を掲示するのか考えて計画的に行います。また，期限が過ぎたものは速やかにはがします。4月初めにHRの生徒たち一人ひとりのことをメモする観察ノートをつくって，1日の終わりにその日に印象に残った生徒の学校生活や授業での様子を簡単なコメントで残しておくと，学期の終わりにはかなりの量がたまってきます。所見を書くときに役立ちますし，メモの少ない生徒には意識して積極的に接することができます。

　学校の仕事（学年や分掌など）は，1年間の見通しをもつため4月の段階で引継書や前任者に聞いてチェックしておきます。その上で引き継いだデータをもとに書類を修正し，年度当初にあらかじめ作成しておきましょう。また，時間の余裕ができたら，「少しでも改善できるところはないか」といろいろ検討してみることも大切です。

（齋藤　諭）

休み時間の活用

「限られた時間しかない」という意識をもつ

　教員は，教材研究をすることと生徒を全力で見守るために時間を使うことが求められています。できることを増やすとともに，できるレベルをあげていくことが大切です。世の中は30年前とは全く違います，学校も30年前と同じでいいわけがありません。少なくとも週に1日は定刻で帰る日をつくる意識をもちましょう。

　ゆえに，学校におけるこれまでの働き方を見直し，限られた時間の中で，教員の専門性を生かしつつ，授業やその準備に集中できる時間，教員自らの専門性を高めるための研修の時間や，生徒と向き合うための時間を十分確保し，生徒に対して効果的な教育活動を行うようにする必要があります。教員自身が豊かな人間性を磨くためには，気持ちと時間に余裕が必要です。「ゆとり」は，勝手に生まれるものではないので，効率的な仕事の進め方を工夫して，自ら積極的に「ゆとり」をつくり出していかなければなりません。

　「限られた時間しかない」「3分あれば何かできる」という意識が時間を生み出します。「無駄」を明確にするために，残すべきもの，変えるべきもの，捨てるべきものを取捨選択することで，より効果的な生徒への指導と教員の成長に反映されるようにしていくことが大切です。

■ 「休み時間」の使い方を決める

1日の休み時間は，6時間授業とすると授業と授業の間に10分が4回と昼休憩が45分で合計約80分の休み時間があります。1週間では400分，ひと月では1,600分ほどの時間となります。休み時間に処理できる仕事を終わらせずに放っておくと，放課後にしわ寄せがくることになります。簡単な仕事こそ休み時間を利用して，期限が先であっても絶対に後回しにせず，すぐにやり終えてしまいましょう。

1週間の授業計画を立てる際に，授業と関連させて休み時間の使い方を考えておきます。休み時間にできることの例を以下に挙げておきます。

> 生徒の質問対応，次の授業の準備，ホームルームの様子見学，
> 小テストの採点，成績処理，ノートのチェック，打ち合わせ，
> アンケートや報告書等への回答，読書，瞑想，気づいたことのメモ

読書については，仕事につながる本（教育書やビジネス書など）や自分自身を成長させてくれる本などを細切れ時間を確保して読むことが大切です。

読んで気に入った箇所はノート等に書き写しておくと，より深い理解と気づきにつながるとともに言葉の表現の幅も広がります。2週間に1回の割合で図書館の本を10冊借りれば，年間で240冊の本に目を通せます。

休み時間を上手に活用することで，夕方以降に「仕事でない時間」を確保しましょう。自分の退勤時間を自分で設定してしまうことで，「そこまでに何とか終わらせてしまおう」という気持ちが仕事の効率を上げることにつながっていきます。

退勤時間を守るために，意識的に予定を入れてしまうのも効果的です。習い事をする，トレーニングジムに行く，友達との約束を入れておく，家族との約束を入れておくなどして帰る時間を守りましょう。

（齋藤 諭）

管理職とのコミュニケーション

　管理職という立場は日々，各教員の勤務，行政とのやり取り，教育活動上の責任を担っており，大変負担の大きい仕事です。少しの意識をもつだけで，円滑なコミュニケーションが可能となり，良好な関係構築ができます。

適切なタイミングを選ぶ

　管理職は多くの責務を抱えており，忙しいスケジュールの中で業務をこなしています。なにか職務上の提案や話題を取り上げる際には，相手のスケジュールや予定を尊重しましょう。会話を進めるのに最適なタイミングを選び，相手が十分な時間と注意を割けるように配慮しましょう。10分以上かかるような話題であれば事前のアポイントを取り，時間の設定をしてもらいましょう。5分程度で終わる質問でも「今5分ほどお時間をいただいてもよろしいですか？」と「明確な終わりの時間」を先に提示して話しかけましょう。日々一般教諭や事務とやり取りが重なる仕事なので，これから話しかけられる要件の「終わり時間」があらかじめ見えている状態は理想的です。

取り掛かる業務の事前確認

　自分が取り掛かろうとしている業務に対して，自分が考えているやり方で

大丈夫かということを「取り掛かる前に」確認しておくことも時には必要となります。

　例えば，多くの学校現場では，外部に文書を提示するときに「この文でいかがですか。大丈夫ですか」という案を起こします。これを「起案」といい，管理職は文書の妥当性や正確性を確認し，問題がなければ発行することができます。一般的には「簡易起案」という，簡単にチェックしてもらうものと，「電子起案」といい，正式に自治体の管理番号を取るような複雑な起案もあります。自分がこれから作成，または処理しようとしている文書や，取り掛かろうとしている業務に対して「管理職はどのような対応を取るのか」ということを事前に少し聞いておくと作業がスムーズに運びます。

　初任校のときの例です。ある文書を起案しようとした際に，事前に体裁や内容をどのようなものにしたらいいかを確認せずに自己流で作成し，管理職の点検ですべてボツになったことがあります。すべての業務をやり直ししなければいけないため，大変な時間がかかります。そのため，このような状況に対してアドバイスをするとしたら，まず作成前に管理職に文書の目的，整えるべき体裁，簡易起案でよいか，などを事前に確認してから作成に取り掛かるよう伝えるでしょう。

■ お礼と謝罪は迅速に

　これは業務というより，マナーに近いものかもしれませんが，お礼と謝罪は早ければ早いほどよいです。ミスをしてしまった際には誠意をもってすぐに謝罪し，どのように解決すればいいかを明確にしてすぐに取り掛かります。またアドバイスや指導を受けた際にもすぐにお礼を述べます。特に繰り返しのお礼を大事にするとよいでしょう。例えば，授業のアドバイスを受けたなら，受けた瞬間にまず礼を述べ，後日アドバイスを実践してみて，うまくいったならば，その報告も含めて再度お礼を述べます。普段からよい人間関係づくりを意識して行動することが大事になってきます。

（森部　雅大）

先輩とのコミュニケーション

要チェック 👆
高校教員は「個性の塊の集団」だと心得る

教員の世界

　読者の方の中には，職場での人間関係，特に対教員に対する接し方や付き合い方に，多少なりとも不安や心配な気持ちをもっている人もいるのではないでしょうか。現実として，コミュニケーションがうまくいかず，精神的に疲れてしまっている教員も少なくありません。また，日々の業務でうまくいかないこともあります。しかし，自分を卑下して，自分を隠して学校で働く必要はありません。教員の世界は，世間一般でいう上司に当たるのは，管理職のみの鍋蓋構造です。先輩も後輩も同僚であり，同じ職場で同じ苦楽をともにする仲間なのです。このことをすべての教員が思い出し，かつ，他の教員の方に意識を向ける余裕ができれば，もっとお互いをフォローできる，風通しのよい職場になるという認識をもって関係を築いていきましょう。

高校の先生

　気さくでお話が好きな先生，普段はとても静かなのに話をよく聞いてくれる先生，飲み会が大好きな先生，サブカルチャーが好きで，生徒に負けないオタク気質な先生など，高校は特に，個性豊かな先生で溢れています。これ

は生徒と一緒です。つまり，この人とはあまり合わないな……（色々な意味で）と感じる先生も一定数いることになります。それはそれで自然なことではないでしょうか。生徒に「あまり得意ではないクラスメイトと，仲良くなれとは言わない。でも，一緒に考えて，行動して，そういう人もいるのだと，人間という生き物を知るいい勉強だと思うと気が楽にならないかな？」と投げかけると，頷いてくれる生徒がたくさんいます。まさに，これは教員にも当てはまり，仕事を一緒にこなしたり，飲み会等の行事に参加したりすることで，よい面も悪い面も含めて，垣間見ることができます。それを，この先生はこういう人だからと突き放すのではなく，その人の個性なのだと認め受け入れます。先生同士で無理に仲良くなる必要はなく，必要な場面でお互いに仕事を分け合ったり，交換したりと，仕事上での関係性を築くことが大切になってきます。

■ 他の先生とのかかわり方

　ここでは，お互いにフォローできる関係を築くための具体的な方法について紹介します。まず大事になるのは「わからなかったら聞く」ことです。学校や学年，分掌が変われば，仕事内容も変わります。ときには自身の経験が全く活きず，ゼロからやり直しなんてこともあります。わからないことは遠慮せず，些細なことでも聞いてしまいましょう。

　次に「得意分野を磨く」ことです。例えば，Word や Excel といった業務上必要なソフトウェアの操作方法や，パソコンのちょっとしたトラブルへの対応，また，子どもたちの中で流行しているものをおさえていたり，雑学を知っていたりします。このような先生のところには，生徒だけでなく，教員も寄ってきます。ちょっとしたことがきっかけとなり，思わぬコミュニティを築くことができるので，自分の強みや趣味を伸ばすことも重要な仕事の一つとして意識することをおすすめします。

（和田　崇弘）

事務職員・支援員とのコミュニケーション

「チーム学校のメンバー」として働く

学校には教員以外にも，事務職員や支援員という職員がいます。

事務職員の仕事

事務職員は学校が回るように働いてくださる方々で，様々なものを管理しています。管理内容は非常に多岐に渡り，書ききれないほどありますが，例えば教職員の勤務整理や給与・福利厚生の管理，学校予算執行に係る手続き，生徒の就学支援金等の書類手続き，さらには来客や電話対応などもあります。教員の仕事は直接的に生徒とかかわり，教えることですが，事務職員はそれらが適切に回るよう裏方として働いてくれています。事務職員がいなければ，教員の仕事は成立しないということを肝に銘じておく必要があります。

支援員の仕事

支援員という職務は，自治体や学校により異なりますが，主に教員が生徒との時間や，教材研究等の時間をさらに取れるように，サポートしてくださる職員です。学校の実態により業務内容は様々ですが，プリントの印刷や，ホチキス止めから仕分け，ときには職員室の清掃や衛生用品の補充など，とにかく気を配り細かく業務を行なってくれています。

ここからは，コミュニケーションのポイントです。一般的な挨拶などの項目は省略し，教員が意識すべき点をまとめていきます。

事務職員とのコミュニケーションのポイント

①各職員の職務内容を確認する

　事務職員の管理している業務は多岐に渡るため，複数の職員で分担していることが多いです。そのため，誰が会計管理なのか，誰が勤務管理なのかなど，ざっくりと役割を聞いておくことで，こちらから質問をするときなどにスムーズにコミュニケーションを取ることができます。

②書類の記載方法の事前確認／期日の厳守

　事務職員から依頼のくる書類の多くは，書き方や内容などがとにかく複雑な場合が多いです。もちろん，わかりやすくするために書き方の説明などを添付してくれますが，始めのうちは書類作成の前段階で直接確認ができるとベストです。確信はもてないけれど，ひとまず提出して，記載方法が違ったために再提出，期限を過ぎる……なんていうこともあります。

　わからないことは提出の前に確認をし，確実な方法で進めましょう。

支援員とのコミュニケーションのポイント

　支援員とのコミュニケーションのポイントとしては，あえて一つに絞ります。それは「明確に依頼をする」ということです。例えば授業プリントの印刷一つを取っても，印刷のサイズや画像優先印刷や文字優先印刷などこだわるべきポイントがあります。必ず目的を伝えて明確な業務依頼を心掛けると無駄も減り，スムーズです。また，目的意識を支援員に伝えることで，その業務がただの作業から「意義を感じる作業」に変わっていきます。

（森部　雅大）

自己啓発①

常に教員としての資質向上を目指す

　教員は「その職責を遂行するために，絶えず研究と修養に努めなければならない」と教育公務員特例法第21条で定められています。新しい時代を切り開いていく生徒の育成には，教員が新しい情報，社会の変化に応じて学び続けていく必要があります。では，具体的にどのように自己啓発を進めていくのか確認していきましょう。日々の授業や業務でなかなか時間が取れない日もありますが，長期休業等を利用して進めていきましょう。

■ 研修会に積極的に参加しよう

　一言に研修会と言っても，様々な研修会があります。各教科の研修会や生徒指導，教育相談，進路指導，特別支援教育など内容は様々です。また，校内で行う研修や校外で行う研修，大学，民間企業で行う研修等があります。これまでの教育活動を振り返って自分が必要と感じる内容や興味があって学びたいことを積極的に選ぶようにしましょう。

　研修会に参加することで，専門的な知識や技能を学ぶことは当然のこと，そのほかに新しいつながりをつくることもできます。他校や他校種の教員との出会い，他業種の方との出会いは多くの学びを得ることができます。他校の取組を共有したり，他業種との交流が授業づくりに活かされたりします。これからの学校は，教職員だけでなく地域の方や様々な分野の専門性を有す

る外部人材と連携していくことが重要と言われています。生徒指導や教育相談をしていると，学校では対応できないような家庭に関する問題などに直面することがあります。そういったときにつながりが活かされることもあります。研修会でのつながりをつくることも大切にしていきましょう。

■ 研修会で学んだことを活用していく

研修会に参加して今後の授業や学級経営などに使えると思ったことは，メモをしてまとめておきましょう。そして，どのような形でもいいので使えると思ったことは活用していきましょう。例えば，研修で得たICTの活用方法を自身の授業に取り入れるとよいです。実際に実践して，改善していくことで研修の理解も深まります。学び続ける姿勢は教員にとって重要な資質です。研修で学んだ最新の知識や技能は積極的に活用していきましょう。また，同僚と研修の内容を共有することも必要です。同じ教科だけでなく，他教科の教員とも共有していきましょう。教科横断的な視点をもつことにもつながります。積極的にコミュニケーションを図っていきましょう。

■ あらゆることから学ぶ意識をもつ

日々授業や教材研究，事務処理，部活動等の業務におわれていると自己啓発を進めていくことは難しいです。しかし仕事以外でも学ぶ意識をもつことで，日々の生活の中に教材や学級経営，生徒指導，教育相談等に活かせることが多くあることに気がつきます。スポーツやアウトドア，旅行，芸術鑑賞等，自身の趣味や経験はその人自身にしかない強みになります。教員自身が楽しむことを忘れず，あらゆることから学ぶ意識をもつように心掛けてみましょう。教員一人ひとりのスキルアップが学校の組織力向上につながり，必ず生徒に還元されます。今後も自己啓発に努めていきましょう。

（武田　和也）

自己啓発②

要チェック 👈
自己啓発のチャンスは長期休業と学校外にある

教員としての視野の拡大

　担任としてクラスの生徒の前に立ち，授業で自らの専門分野を日々教えていく中で，どうしてもマンネリや教材研究の不足を感じることがあります。課業期間であればなかなかゆっくりと研修の時間に充てることができませんが，夏季休業や冬季休業などの長期休業中は，日ごろなかなかできない研修を進める絶好の機会になります。

　ときには，専門分野の研究成果をじっくりと学んだり，教育相談の研修を教育センターなどで学んだりすることが可能となります。

　さらに，教育の世界とは全く違う企業の世界から，生徒への生き方在り方の指針を得る場合もあります。それは書籍かもしれませんし，直接話を聞く機会かもしれません。あるいは，旅先の人との触れ合いを通して自らの生き方を考える機会になるかもしれません。それだけに，長期休業中の充電は，その後の指導に大いに役立つものです。

長期休業中の各種研修会への参加

　長期休業，特に夏季休業中に教育センターなどで開催される研究事業に関

しては，年度当初の申し込みとなっていることが多いことから，自らで計画的に研修の計画を立てておきましょう。そのほかにも，民間の教育機関が開催する研修事業も，教育雑誌や教育関係の新聞に掲載され，比較的容易に参加できるようになっています。さらに，オンラインでの参加も近年は多くなってきており，幅広く検索すると多様な研修機会が得られます。

幅広い読書と YouTube の活用

まとまった時間が取れる長期休業中には，読書もまた絶好の自己啓発の機会です。日ごろゆっくりと本と向きあうことができない教員にとって，じっくりと専門書と向きあい指導能力の向上につなげたり，教育書にとどまらず幅広く教養を身に付けるためにベストセラーと向きあったりと，教員としての資質能力の向上に充てるのもとても大切です。

さらに，今日では誰しもがネットから多くの情報を得ています。ネット情報の真偽を確認しつつ YouTube や他のサイトなどを幅広く視聴することも自己啓発の有効な手法です。

学会への参加と他業種との交流

高校での教科指導をする中で，やはり学会の専門的な動向の理解も欠かせません。教科教育に関する学会は夏季休業中に全国で開催されています。ぜひ学会への参加を通して，専門分野に関する最新の情報や学会の動向を知るように努めましょう。その結果，秋からの授業が新たな視点から再構築されてくるでしょう。一方で，教育界とは異なる業界の方々と接する機会があると，これまで教育の視点だけで考えていた物事を，別の視点から見直すことができます。例えば，高校時代のクラス会などを通して，他業種の人と接することができると，新たな視点から教育界を見ることができるでしょう。

（百瀬　明宏）

【執筆者紹介】（執筆順）

渡辺　弥生　　　法政大学

原田恵理子　　　東京情報大学

田邊　昭雄　　　東京情報大学

末吉　文武　　　千葉県立実籾高等学校

武田　和也　　　千葉県立特別支援学校市川大野高等学園

百瀬　明宏　　　秀明大学

太田　健介　　　千葉県立鎌ヶ谷高等学校

齊藤　敦子　　　千葉県立国府台高等学校

深山　和利　　　神田外語大学

和田　崇弘　　　千葉県立袖ヶ浦高等学校

齋藤　諭　　　　千葉県立市川昴高等学校

森部　雅大　　　千葉県立東葛飾高等学校

桑田　美和　　　千葉県子どもと親のサポートセンター

藤田　拓哉　　　千葉県立検見川高等学校

【監修者紹介】

渡辺　弥生（わたなべ　やよい）

教育学博士。法政大学文学部心理学科教授。法政大学大学院ライフスキル教育研究所所長。専門は，発達心理学，発達臨床心理学，学校心理学。
著書に，『子どもの「10歳の壁」とは何か？―乗りこえるための発達心理学』（光文社），『感情の正体―発達心理学で気持ちをマネジメントする』（筑摩書房），『中学生・高校生のためのソーシャルスキル・トレーニング　スマホ時代に必要な人間関係の技術』（明治図書）など多数。

【編者紹介】

原田　恵理子（はらだ　えりこ）

博士（心理学）。東京情報大学総合情報学部総合情報学科／教職課程教授。専門は，学校臨床心理学，発達臨床心理学，学校心理学。
著書に，『学校心理学の理論から創る生徒指導と進路指導・キャリア教育』（学文社），『情報モラル教育：知っておきたい子どものネットコミュニケーションとトラブル予防』（金子書房），『中学生・高校生のためのソーシャルスキル・トレーニング　スマホ時代に必要な人間関係の技術』（明治図書）など多数。

1冊ですべてがわかる
高校教師のための仕事術大全

2024年3月初版第1刷刊	監修者	渡　辺　　弥　生
©編　者	原　田　　恵理子	
発行者	藤　原　　光　政	

発行所　明治図書出版株式会社
http://www.meijitosho.co.jp
（企画）茅野　現　（校正）中野真実
〒114-0023　東京都北区滝野川7-46-1
振替00160-5-151318　電話03(5907)6702
ご注文窓口　電話03(5907)6668

＊検印省略　　　　　組版所　朝日メディアインターナショナル株式会社

Printed in Japan　　　　　ISBN978-4-18-207721-0
もれなくクーポンがもらえる！読者アンケートはこちらから